駆け込み寺庵主の「引き寄せ」問答

すべてを喜びとする。

日蓮宗一華庵・サンガ天城庵主
戸澤宗充

幻冬舎

目次

仕事の駆け込み問答

第2章

家族の駆け込み問答

はじめに

私は戦後、小学校2年生のときに満州は牡《ぼ》丹江《たんこう》の収容所に入れられて、母と兄の3人で暮らしていました。すでに父はシベリアに拘留されていたので、母の女手ひとつ。私たち3人は不安と恐怖の中で過ごしていました。とにかく食べるものがなくて、周りの人はバタバタ死んでいきました。少しでも食べものを手に入れるために、私たちは学校の机の引き出しを肩から下げて物売りをすることもありました。とにかく、生きることに必死でした。

それからなんとか大人になって、私はようやく人並みの幸せを手に入れることができました。26歳で結婚し、その1年後には長男を出産したのです。寝ても覚めても幸せで、足元がふわふわするくらい。「生きていてよかった！」と、穏やかな毎日をかみしめていました。

ところが、私が33歳のとき、次男を出産した2日後のことです。夫が交通事故に遭いました。即死でした。

6歳と生後2日の赤ん坊を抱えた私は、現実を受け入れることができませんでした。辛い事実から目をそむけ、酒におぼれ、自ら命を断とうとしたこともあります。けれども、幼子2人を育てていくためになんとか立ち上がり、79歳になる今の今まで必死に生きてきました。

現在は、縁あって尼僧となり、女性たちの駆け込み寺「サンガ天城《あまぎ》」を運営しています。ここには、夫からのDVや親とのトラブル、借金、失恋など、さまざまな悩みを抱えた女性が相談に訪れます。今は昔に比べて、食糧も、仕事も物資も豊富です。けれども、現代の女性たちは体よりも心が飢えていると感じます。寂しい、苦しい、悲しい、種々の思いに身を焦がし、己で己を傷つけてしまっているのです。

目に見えるものでも、見えないものでも

遠くに或いは近くに住むものでも
すでに生まれたものでも、これから生まれようとするものでも
一切の生きとし生けるものは幸福であれ

これは、お釈迦様の言葉です。過去に何があろうと、未来に何が起きようと、仏様のご加護のもと、人間は幸せになる力を持っています。

けれども、人はいざ不幸に直面すると、どうすることもできず、ただただ打ちひしがれてしまいます。

生きていると、友人や同僚、家族との人間関係に悩んだり、なんとなく毎日が物足りなく感じたり、ときには、大きな悲しみや絶望に襲われたり、本当に色々なことがありますね。そんな「喜びを感じられない」とき、私たちはいったいどうすればいいのでしょうか。

本書では、皆さんから特に多く寄せられるお悩みを、私の人生に照らし合わせ

ながら「問答」としてお答えしています。ただし、お答えはしていますけれども、あくまでもヒントだと思ってください。万人に共通する生き方の答えはありませんし、答えを見つけようと努力することが、幸せを引き寄せる力を育《はぐく》むからです。どんな不幸に見舞われても、まずは自分自身と向き合い、生きているのではなく「生かされていると知る」。そして自分を取り巻く環境や自分自身を「素直に受け入れる」。受け入れた事実を「許す心を生む」。さらに「すべてを喜びとする」。

幸せを引き寄せるためには、このように段階を踏むことが大切です。地獄の底から天国へ直行するエレベーターはありませんよ。悲しみ、孤独、ささやかな幸せ、人との出会いなど、さまざまな様相の階段を一段ずつ踏みしめていくことこそが人生なのです。勇気を出して一歩を踏み出し、階段を上りましょう。ときには腰を下ろし、ときには後ろを振り返ることもあるでしょう。けれども、上ることを諦めず、歩を進めれば、見える景色が広がります。そうすれば、ふもとの

「不幸」なんて、もはやちっぽけなもの。

本書が、少しでもあなたの人生を明るく照らす一助となることを願っています。

1

「生かされている」と知る

問答1

人間関係をうまく築けません

働くということは「傍の人を楽にする」ということ

「娑婆《しゃば》」という言葉を、耳にしたことがあると思います。勘違いしている方も多いようですが、決してヤクザの世界の言葉ではないのですよ。「娑婆」とは忍土。この世は、さまざまな苦（四苦八苦）に耐え忍ばなければならない世界であると、お釈迦様はおっしゃっているのです。

女性たちの駆け込み寺である「サンガ天城」は、自然豊かな伊豆の標高９００メートルの地にあります。約１０００坪の土地に平屋の建物で、温泉も備えています。身ひとつで訪れた女性を受け入れられるように、布団や寝間着、歯ブラシ、タオルなどの日用品はもちろん、食糧も用意しています。現在も、10代から70代まで、実にさまざまな事情を抱えた女性が身を寄せて共同生活を送っています。

受け入れ期間は特に決めていません。一泊で帰る人もいますし、一年以上滞在する人もいます。職を持っている人もいれば、持っていない人もいます。持っていない人は、雑誌を読んだり、近くを散歩したり、自由に過ごします。けれども、「働く」ことは守らせます。

禅語に「一日作《な》さざれば、一日食らわず」という言葉があります。一日働かなかったら、一日食べないという意味です。しかし、働くというのは仕事をすることだけを指しているわけではありません。「傍《はた》の人を楽にする」という言葉があるように、夕食の準備を手伝ったり、部屋を掃除したり、一緒に暮らすみんなのことを思いやり、何かを手伝うだけでもよいのです。

しかし、これはサンガ天城で暮らす女性たちにとっては、なかなか難しいことでもあります。人間関係を築くのが苦手で、自分の殻に閉じこもっている彼女たちは、「誰かのために」と心を開くことができません。

あるとき、実家で引きこもりをしているという20代半ばの女性がやってきました。そしてなんとか仕事を見つけて働き始め、一カ月経ったころ「ここを出て行く」と私に告げました。友達の家に身を寄せて住み込みの仕事を探すそうです。何が彼女を変えたのか？　私は会話を重ねました。すると彼女はこう言ったのです。

「辛いのは自分だけではないと、気がつきました」

これが共同生活のよいところかもしれません。さまざまな人間と交わることで、今まで目に入ってこなかったものが、見えるようになります。「大変なのはみんな一緒。だから私もがんばろう」そう思えるようになるのです。

娑婆は忍土。誰にとっても生きることには苦が伴います。人というのは、不幸を嘆くだけではなく、何かを手にすれば失うことを恐れて苦しむ、とても欲深い生きものです。だからこそ、私たちは謙虚に生きなくてはなりません。「生きている」のではなく「生かされている」。生に対する傲慢《ごうまん》さを捨てたとき、私たちの心には、感謝の思いが芽生えます。感謝の思いで、すべての人に接しましょう。それこそが、人と人をやさしくつなぎ合わせる秘訣です。

娑婆は忍土。
誰しも、苦を味わいながら
生きているのです。

幸せだらけの人はいない。
他者と関わることで、
世の中の摂理に気づく。

問答2

自分ばかりが損をしているように感じます

「ありがとう」と「おかげさま」を大切にする

「なんで私ばっかり」と思うことって、確かにあります。自分は大変な苦労をしているのに、さらに損な役回りを押しつけられたり、周りにまったく感謝されなかったり。尼僧なんてやっているとね、そういうことばっかりです。

実は、阪神・淡路大震災以降、お盆に関西のお寺の檀家さんを回って、お経をあげています。2週間、一日に30軒ほど回るのですが、色々と苦労があります。お寺から渡される檀家さんの住所録は、いまだに手書きで間違いが多いうえ、受け取るのは当日の昼ごろ。効率よく回ることができないため「遅くなって申し訳ありません」と、頭を下げながら回っています。せっかく訪問しても、誰も住んでいないなんてこともあります。毎年、毎年、こうなんです。

なんだかもう、一緒に回ってくれている運転手さんにも申し訳ない気持ちになってしまいましてね、住職に改めてお願いしたんです。「住所録は最新のものを事前に用意していただきたい」って。だけど「私にはようできません!」の一点張り。でも、パソコンが一台あれば、住所なんて簡単に差し替えられるじゃないですか。自分でパソコンを操作できないなら、専門家を一日雇うとか、やりようはいくらでもあるはずです。けれども、それもかなわない様子。これでは、いくら仏の道に身を置いていても、さすがにイライラしてしまいます。

檀家さんたちは本当によい方々で「一年間、これを貯めました。お寺さんへのお布施ではなく、これはサンガ天城へのお布施です」と言って、別に包んでくださる方もいました。こういう出会いはとてもうれしいです。でも、やっぱり喜んで回りたいじゃないですか。だから「ご奉仕させていただくのは、今年で最後にさせてください」と、お寺にお伝えしました。阪神・淡路大震災が起きて20年という節目を迎えましたし、私としてはもう充分、お勤めさせていただいたと思ったからです。けれど住職にそう伝えると「そんなの困ります！　お願いします！　お願いします！」と言うんですよね。

お願いします、お願いしますは、本当にすごいの。まず「我」なんです。

サンガ天城を訪れる女性も「我」にとらわれているケースが多いです。たとえば、「一生懸命お茶碗を洗って、ご飯の支度をしても、旦那は食べるだけ。全然家事を手伝ってくれない」と。気持ちはわかりますよ、家事は大変ですからね。でも、ご主人も会社で一生懸命働いてくるわけじゃないですか。あなたも働いているのかもしれないけれど、誰かがやらなければならないのだとしたら、あなたがやったって、いいじゃない。誰かのためになにかをするのはとても尊いことです。

逆の相談もありますよ。奥さんが家事をさぼって困ると、旦那さんが訴えるケース。でも、その男性には「もっと奥さんに感謝をしましょう」と言いました。毎日100パーセントさぼっているわけでもないだろうに、文句ばかり言うのはよくないと。「おかげでちゃんと仕事ができたよ、ありがとう」って勇気を出して口にしてごらんって。そのひと言で、変わるんですよ、お互いに。

私が言いたいのは、女は家事をすべきとか、夫婦で分担すべきとか、そういうことではありません。まず「我」ありきで、相手に要求ばかりするのをやめましょうということ。「ありがとう」とか「おかげさま」という気持ちを大切にしていただきたいのです。

相手に求めてばかりの「我」にさよならしましょう。

与えられるのを待つのではなく、
与える人間になろう。
そうすれば「与えられない自分」を
嘆くことはない。

問答3

子どもをなかなか授かりません

今、手にしているものの中に宝物がある

昔に比べて、不妊に悩む夫婦が増えているようです。私の知り合いにも、子どもをなかなか授からない女性がいました。長年不妊治療をしているんだけど、赤ちゃんがやってこないのです。私も母親ですから、わが子を抱いてみたいという女としての本能は、よくわかります。昔は珍しかった体外受精も、今はずいぶん増えているようですね。医学の進歩に救われたお母さんもたくさんいるでしょうが、その一方で、経済的な理由や健康上の問題で、結局授かれない人もいます。

そう考えると、やっぱり子どもは、授かりものなんですよね。子どももそうですが、地位や名声、お金など、人々が欲しがるものは、みんな授かりものであり、生きている間の預かりものにすぎません。

以前、子どもを亡くしたお父さんが、インタビューに答えている様子をテレビで見ました。その子どもさんは、紛争地帯にボランティアで赴いていたとき、現地の人間に殺されてしまったそうです。「なんで殺されなきゃいけないんだって、相手を恨みませんか?」と記者に聞かれ、お父さんはこう答えていました。

「わが子と思えばすごく悲しいし、殺した人を憎いと思います。けれど、あの子は、私たちが神様から預かっていただけだから、仕方がないと、しかも、あんな素晴らしい子を預けていただいたと自分に言い聞かせました」

感情を押し殺し、淡々と話す姿がとても印象的でした。

命はもちろん、地位やお金も、死んでしまったら、全部手放さなくてはいけません。ですから、すべてのものにおいて「自分のもの」なんて本当は存在しないのです。

　私の知り合いは、結局赤ちゃんを授かることができませんでした。とても悲しいけれど、子どもがいないと、その人の人生が不幸かと言うと、決してそうではありません。私は彼女にこう言いました。

「子どもがいればいいのにと、手に入らない現実に執着するのではなく、今、あなたが手にしているものを大切にしましょう」

　執着から離れると、すでに手元にあるものの価値が見えてきます。たとえお金がなくても、子どもがいなくても、パートナーがいなくても、あなたが手にしているものの中に、宝物がきっとあります。「あれが欲しい」と天を仰いでいるときこそ、足元に目を向けてみてください。そこにはきっと、あなたの人生を支えてくれている大切なものがあるはずです。

人々が欲しがるものは、
授かりものであり、
預かりものです。

「あれも欲しい」「これも欲しい」
追い求める人生で手に入るものは、
虚無感。

問答4

不平等を感じてしまいます

名称に振り回されない

東日本大震災が起きた後、私は東京の大森駅前でおにぎりを売ることにしました。売上金を寄付するためです。そこに、毎朝買いに来てくれる親子がいました。息子は、もう30歳を過ぎていると思うんですけど、知的障がいがあるようでした。「あなたが食べるの?」と聞くと、「おかあ、さ、ん」って笑顔で答えてくれてね、そういうやりとりを、お母さんが隣でにこにこしながら見守っているんです。とても仲睦《むつ》まじい、素敵な親子でしたよ。お母さんの大きな愛情が、息子さんを包んでいるんでしょうね。仏様は、あのお母さんだから、息子さんの命を預けたのだと思います。

本来、人間はみな平等です。この世に生まれた者はみな、仏の子なんです。

「一切衆生悉有仏性（いっさいしゅじょうことごとくぶっしょうあり）」

生まれ出でた者にはすべて、仏になる素質があり、将来仏になることが保証されているという意味です。お釈迦様は、人間一人ひとりが、かけがえのない存在だと説いているのです。ですから、障がいがあろうがなかろうが、人はみな平等であるはずなんですけれど、人間ってわがままだから、差別をしてしまうこともあります。家が貧乏とか、父親がいないとか、そういった環境によって差別をされている人もいます。

うちの息子2人も、シングルマザーに育てられましたからね、何が原因かはわかりませんけど、友達とケンカして学校から呼び出されたこともありました。でも、そういった環境の子を持つ親として、果たして何ができるのかと考えると、その子のいいところを見つけて、たくさん褒めてあげることに尽きるのではないでしょうか。

「誰よりもあなたは心がきれいだし、やさしいじゃない。そういうところ、お母さん大好きよ」って。

若いお母さんから、こんな相談を受けたこともあります。

「ママ友の子どもに障がいがあって、特別支援学級に通うことになりました。子ども同士で遊んでいる様子を見ながら、彼女は私にこう言いました。〝ずっとうちの子と友達でいてね〟と。ポロポロと涙を流しながらそう言う彼女に、私は〝うん〟としか言ってあげられませんでした」

「庵主さんなら、彼女になんて声をかけてあげますか?」と聞かれたので、私はこう答えました。

「あなただから、育てられるんですよ。その子があなたを選んで生まれてきたんだから、一生懸命愛情をかけて育ててあげればいいのよ」

身をうけた生きものの間ではそれぞれ区別があるが
人間のあいだではこの区別は存在しない
人間のあいだで区別表示が説かれるのは
ただ名称によるのみ

仏教の古い経典のひとつである『スッタニパータ』にある言葉です。
障がい児、健常児。金持ち、貧乏。家柄がいい、家柄が悪い。幸せ、不幸。私たち自体に、本来区別は存在しません。それを作り出すのは、人間による名称のみなのです。

本来、人間はみな平等です。
この世に生まれた者はみな、
仏の子なのです。

差別を生み出すのは
人間が作った名称。

問答5

幸せを感じることができません

生かされている幸福に気づく

おしゃべりに花を咲かせている女性たちの話に耳を傾けると、悲しくなることがあります。どうでもいい話を一生懸命しているからです。

どうでもいい話といえば、芸能人や知人の噂話。誰が誰と結婚したとか、誰は誰を嫌いだとか。「いったい、それがあなたの人生にどう関係するの?」と聞きたくなります。

私たちにとって大切なのは、「生死《しょうじ》」のこと。

「もしかしたら、明日死ぬかもしれない。だったら、自分はどうやって生きていけばいいんだろう」という本質的な問いが、みんな欠けているのではないでしょうか。そういう大事なことを置いてきぼりにして、どうでもいい話に時間を費やすのは、命の無駄遣いにほかなりません。

当然ながら、人はいつか死にます。そのいつかは、明日かもしれません。私は事故死した夫に、そのことを教えられました。日本は、阪神・淡路大震災や東日本大震災も体験しています。今も生かされている私たちは、生死について真剣に考える機会を与えられているという幸福に、まずは気がつかなくてはなりません。

心が変われば態度が変わる
態度が変われば行動が変わる
行動が変われば習慣が変わる

習慣が変われば人格が変わる
人格が変われば運命が変わる
運命が変われば人生が変わる

これは、古代インドから中国、日本に伝わったとされる真理です。
相談に訪れる女性たちは「夫にひどいことをされた」「誰も私を愛してくれない」と嘆くことがあります。けれども話をよくよく聞いてみると、彼女たち自身に原因があることも多いのです。正直に申し上げて「それじゃぁ、相手が怒って当然よ」と思うこともあります。そんなときは「あなたが、相手の立場だったらどう思うの？」と問いかけます。己の心が、周りに派生していることに気がついてほしいからです。

幸せを感じて生きるためには、まずは真剣に自分の心と向き合わなくてはなりません。自分のような人間と友達になりたいか、自分で自分に聞いてみてください。

おのれこそ　おのれのよるべ
おのれを措《お》きて　誰によるべぞ
よくととのえし　おのれにこそ
まことえがたき　よるべをぞ獲《え》ん

『法句経《ほっくきょう》』の一節です。くだらない噂話はやめましょう。他人の悪口を言うのをやめましょう。自分自身に希望を語り、夢を語り、自分が自分の救い手となるのです。

噂話や他人の悪口に費やす時間は、一滴の幸福ももたらしません。自分の足でしっかり立って、生かされている命を、大切に、真剣に紡いでいただきたいと思います。

命があることを当然だと
思ってはいけません。
生に謙虚になるほど、
強くなれるのです。

どうでもいい話に
時間を費やすのは
命の無駄遣い。

問答6

今の幸せを守るにはどうすればいいですか

誰のおかげで今があるのか考える

それなりに不幸を味わってきた人間が、人並みに幸せを手に入れると、「また不幸になるのでは」とこわくなることがあります。一方、それほど苦労せず、不幸を味わわず幸せを手に入れた人間は、幸せに酔うばかりで、他人の苦労や不幸に思いが至りません。私が、そうでした。私が人生で一番幸せだったころ、言葉の刃で母の心をえぐってしまったのです。

結婚し、子宝にも恵まれ、幸せそのものだった私は、厳寒の満州で苦労した母のことはすっかり忘れて自分の幸せに酔っていました。きっとそれが、母にとっては寂しかったのでしょうね。ある日、ぽつりと言ったのです。

「あんなに苦労して育てたのに」と。

それを聞いた私はこう言いました。

「あのときは、日本中の人たちが苦労をしていた。お母さんだけじゃないでしょ」

今でもそのときの光景が目に浮かびますが、母はりんごを剝いていたんですよね。でも、私の言葉を聞いた瞬間、そのりんごを投げつけて、包丁も投げ捨てた。そして家を飛び出した。本当に苦労したんでしょうに、それをね、偉そうにわが娘に、「お母さんだけじゃないでしょ」なんて言われて、それは悔しかっただろうと思います。すぐに追いかけて、あちこち探していたら、近所の方が「線路を歩いていたよ」と教えてくれました。きっと自殺しようとしたんだと思います。でも、田舎ですからね、電車が一時間に一本もないの。おかげで、死ななかったんでしょう。その後、もちろん必死に謝りましたけど、あのひと言は、本当に言葉の刃だったと思います。

あれから、私も夫に先立たれて、ひとりで子どもたちを育てましたから、母の苦しみというのはよくわかります。時間を巻き戻せるなら「ありがとう、こんな私をよく育ててくれたね」と言いたいです。

幸せというのは、霧のようなもので、周りを見えなくすることがあります。霧が濃ければ濃いほど、周囲はかすみ、自分の目の前しか見えなくなる。それって、実は恐ろしいことではないでしょうか。幸せなときほど、きちんと周りを見渡し、自分を支えてくれている存在に感謝をする。その気持ちを常に忘れず、生きていきたいと思います。

幸せなときは他人の不幸に鈍感になってしまうことがあります。

今ある幸せは誰のおかげだろうか?
つないだ手の先に広がる、
すべての物事に感謝しよう。

問答7

人生に悲観的になってしまいます

辛いときは、休んでいい

生きていると、うまくいかないことや、予想もしない不幸に見舞われることがあります。「どうせ私の人生なんて……」と、自暴自棄になることもあるでしょう。33歳のとき、私は夫を事故で亡くしました。その後の私は狂っていたと思います。

彼が天国にいるなら、天国に行こうと。子どもたちのことも忘れて、鉄道に身を投げれば死ねると思ったので、何度かうろつきました。そして、今日こそはと

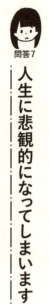

思って踏み切りの前に立ったときに、線路の向こうにひとりの女性がいたのです。「あの人が渡ったら行こう」そう思っていたら、なんとその人が飛び込んでしまった。すごかったですよ。鉄道自殺って、こういうことなんだと、まざまざと見せつけられました。しばらく、腰を抜かして歩けなかったんですけれど、なんとか家に戻って、すやすや眠っている子どもたちの姿を見たら涙があふれてきました。そして「私はなんてひどい母親だろう」と、子どもたちを捨てて勝手なことをしようとした自分を反省しました。幼子2人を育てていく自信はなかったけれども、なんとかやっていけるだろうという思いで立ち上がって、今日の今日まで生きてきました。

母もそうだし、私もそうだし、人は自分ではなかなか死ねないものです。悲しみのどん底で、どんなに「死にたい」と願っても、呼吸をし、脈を打ち、細胞は生まれ変わりを繰り返しています。自分の意思に反して命が続いていくさまを目の当たりにすると、自分は「生きている」のではなく、「生かされている」のだと思い知らされます。

もしかすると、「生かされている」と気づいている人は、誰よりも辛い経験をしている人なのかもしれません。

しかし、その辛い経験を経て得た「気づき」は、人生を導く灯となります。「生かされている命なんだから、大切にしよう」という気持ちが自然とわいてきて、一瞬一瞬がキラキラとした光が降り注いでくるかのような、命の輝きを感じることができるのです。それは、とても幸せなことではないでしょうか。

「生かされている」
そう思える人は
幸せになれます。

失敗や挫折をしたからこそ、
わかることがある。
そしてそれは、
幸せを育む土壌となる。

仕事の駆け込み問答

仕事が続かない ↓ もっと自分と真剣に向き合う

「仕事を辞めたい」と、相談を受けることがよくあります。「上司とうまくいかない」とか「大変」とか、みんなそう言いますよ。みんな、そういうことで悩んでいるの。

そもそも、仕事場というのは、同じ志を持った人が集まっている場所なわけです。ですから本来は、やりがいや人生のよき友を得やすい場所なんです。にもかかわらず、不平不満が積もるというのは、志が定まっていないからではないでしようか。その仕事を通して、自分は何をしたいのか？　どんな自分になりたいのか？　しっかりと志を持って仕事に取り組んでいれば、多少不条理なことがあっても受け流せるし、たいていのことはガマンできると思うのです。

どうしても辛い場合は、辞めることを止めません。でも、結局、どこに行っても同じなんですよ。「こんな仕事やりたくない」と文句を言う前に、もっと自分と真剣に向き合ってごらんなさい。自分を省みてごらんなさい。そうしないから、与えられた環境ばかりが気になってしまうのです。今の職場でも、あなたにできることはたくさんあるはず。それを考えてみてください。

部下がミスばかりする ➡ まずは自分が結果を出す

部下の失敗って、誰の失敗なんでしょう。それってやっぱり、上司の落ち度でしょう。フォローが足りなかった自分のことを棚に上げて部下を叱責するのは、いかがなものかと思います。怒ることにもエネルギーがいりますし、怒られた相手も、怒った自分もイヤな気持ちになるだけです。失敗したくて失敗する人はいません。何もしない人は、失敗もしません。だから、努力したのに失敗してしまった人には、「がんばったね」と肩を抱きしめてあげてほしいのです。たくさんの言葉をかけるより、伝わるものがあるはずです。

それにね、上司が日ごろからきちんと背中を見せていたら、部下はちゃんと成長するものです。部下に結果を求める前に、まずはあなたが結果を出しましょう。相手にばかり要求するのは、いけませんよ。

評価されない ↓ 結果に対して自分が納得できればいい

人一倍努力しているのに評価されないというのは、辛いですね。でも、評価というのは、結果に対して周囲がどう反応するかということ。だから、たとえ評価されないとしても、結果自体は変わらずそこに存在しているわけです。

たとえば、スーパーで働いている人が、汚れた床を拭いたとする。誰も、掃除したことに気づいてくれないかもしれないけれど、きれいになった床は、事実としてちゃんと残るじゃないですか。そしてそのおかげで、お客様は気分よく買い物できるわけでしょう。その結果を誰よりも知っているのは、床を拭いたその人自身のはず。

仕事は評価されるためにやるものじゃありません。結果に対して自分が納得できればいいんですよ。そういう、自分の中に信念があれば、見えない力が自分に作用します。すると、人の評価なんて気にならなくなるの。「言わせておけばいいわ。私なりに一生懸命やっているんだから」ってね。

仕事がうまくいかない ↓ 明るく考えるクセをつける

「仕事がうまくいかない」と悩んでいるあなたは、立派ですよ。だって、自分をちゃんと省みているということでしょう。それに比べて、反省できない人間の、いかに多いことか！　そんながんばり屋のあなたにアドバイスするとしたら「明るく考えるクセをつけましょう」ということ。失敗したことばかりに目を向けていたら、気分が落ち込むし、自分はダメな人間だと思い込んでしまいます。「なんでうまくいかないのかなぁ」って、うじうじ悩むんじゃなくて「こうやると失敗するんだから、次は違う方法を試してみよう」って、明るく考えるの。そして、いつも笑顔！　そうすれば、けっこう何事もうまくいくものですよ。

職場にイヤな人間がいる➡相手との関わり方を変えてみる

後で詳しくお話ししますけど、実は私も一度、上司のことが大嫌いで仕事を辞めたことがあります。ですから、「ガマンしなさい！」とは言えないけれど、どこに行っても、結局イヤな人間はいるというのも事実なんですよね。だから、一番手っ取り早いのは、相手との関わり方を変えてみるということ。嫌いな相手は、つい避けてしまうけれど、「大変だね」とか「ありがとう」と、心になくても言ってみるのです。「そんな、思ってもいないことを口に出せない」と思うかもしれないけれど、心になくても、いいんです。こういうときだけ素直になろうとするのは、ワガママですよ。

とにかく忙しい↓目に見えない存在が評価してくれる

やることが多すぎて、とにかく忙しい毎日を過ごしていると、心がすり減ってしまうこともありますよね。でも、その後に喜びが来るんじゃないですか？　私は、どんなに忙しくても、講演依頼なんかを簡単に引き受けちゃうんですけれど、やっぱりめちゃくちゃ忙しいから、断ればよかったなと半ば後悔しながら準備をするんです。だけど、相手に迷惑をかけないように一生懸命やりますでしょう。そうすると喜んでくださる方がいて「またいらしてください」と言っていただけるんですよね。そして、「あ～、やってよかったな」って思うんです。

でもね、最初から見返りを求めてはいけませんよ。駆け込み寺なんて、その最たるもの。「あんなに面倒をみてあげたのに、何これ」ということばかり。でも、駆け込む女性たちにとっては、それが普通の感覚になっているから、駆け込まざるを得なかったんだろうなと感じます。私が手を差し伸べなくても、必ず目に見えない存在が、その人をちゃんと評価して、それなりの人生を歩ませるものだと思います。

2 素直に受け入れる

問答8

どうしてもやる気が出ないのです

目についたことをやってみればいい

実は去年から東京で、おばんざい屋を開いています。元々、やってみたいという憧れはあったんですけれど、こんなに早くやるつもりはありませんでした。早くと言ったって、決して早い歳ではないですけどね、色々やらなくてはいけないことがあるから、後回しになっていたんです。

だけどあるとき、自分の店を閉めることになったママさんから「おばんざい屋をやりたいって言っていましたよね？　スケルトンにするとお金がかかるから、そのまま引き継いでもらえると助かるんだけど」と相談されてね。まぁ、これも縁かもしれないと思って、「いいわよ〜」なんて簡単に引き受けて。元々、東北支援の募金集めで週一日のランチやおにぎりの販売をしていたから、営業許可は取っていたんです。だから、話があって1カ月くらいで、お店を開くことができました。

そのため、天城ではなく、お店に相談に来る女性が増えました。天城は駆け込み寺なので、住所は非公開ですしね、新聞に掲載されるにしても「伊豆の山中」としか書けないわけです。だから、女性たちも行くのが大変。その点、お店は場所がわかりやすいし、入りやすいから、ものすごい相談所になっています。

最近は、親とうまくいかないとか、仕事を辞めたいとか、そういう悩みが多いです。

「母親から小言ばっかり言われるんです」と相談してきた女性は、仕事をしていませんでした。「うまくいかないのは当たり前でしょう。あなた、働かないんだから」と私は言いました。自分の子どもが働かずに、家でゴロゴロしていたら、親ならイライラして当然です。その程度の話なんでね、決して深刻な話ではないんです。

そして、彼女たちは人から「怠け者」だと思われる。当然ですよね。でも、当人からすると、人からそう見えてしまうこと自体が辛いんです。

正直「甘えているな」と思うこともあります。でも、体と心が動かないことは、誰にでもあります。だから、「仕方がないね、なんでもいいからやってみたら」と言葉をかけます。決して否定はしません。

お店や天城に足を運んだり、電話をかけたりしてくること自体が、立ち上がろうとしている気持ちの表れです。その気持ちがあれば、必ず新たな一歩を踏み出すことができます。何から始めればいいのか、わからないこともあると思うけれど、目についたもの、なんでもやってみればいいのです。そうしているうちに、自分は何をしているときに喜びを感じるのかが、わかるようになる。それがわかれば、あとは素直にその道を進むだけ。

まずは、ありのままの自分を受け入れてあげてください。そこから、すべてが始まるのだと思います。

自分の心に素直になれば
自然と道は開けます。

自分をごまかしている間は、
やりたいことが見えてこない。
進むべき道は、
濁りのない心によって描きだされる。

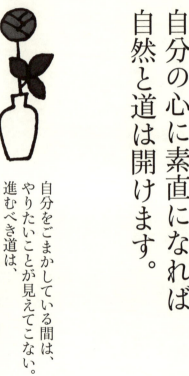

問答9

生きているのが辛いです

希望さえ捨てずにいれば、きっといいことがある

日中戦争が始まった１９３７年５月に、私は東京・港区で生まれました。そしてその６年後に、満州の牡丹江へ渡りました。細かい事情はわかりませんけれど、父が満州にいた従兄から仕事に誘われたからだと聞いています。

戦争中とはいえ、私たち一家は裕福な生活を送っていました。父は満州拓殖銀行に勤めていて、中国人の使用人を雇い、毎日白米を食べていました。ところが、私が小学校２年生のときに事態が一変したのです。１９４５年８月９日、日本の

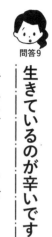

ポツダム宣言拒否を理由に、不可侵条約を無視したソ連が満州を攻撃し始め、8月15日に日本が敗戦。私たち親子は奉天（現在の瀋陽）の収容所に入れられました。

父は憲兵と間違えられてシベリアに送られたため、母と兄の3人。食べるものがないうえ、零下40度という厳寒の中で、次々と日本人が死んでいきました。妊娠している人もいて、母や、そのほかのお母さんたちが、無知ながら出産を手伝いましたが、ほとんどが死産でした。せっかく生きて生まれても、母親は栄養不足でお乳も出ないので、すぐに死んでしまいました。痩せ衰えた母親が差し出したその小さな亡骸《なきがら》を抱いて、公園に埋めに行ったことも一度や二度ではありません。凍《い》てついた土をつるはしで掘った音が今でも耳に残っています。

そんな状況だったので、日本に生きて帰れる保証はまったくありませんでした。母は迷ったようですよ、お金持ちの中国人に子どもたちを預けたほうがいいのではないだろうかって。けれども母は、諦めなかった。きっと生きて日本に帰れると信じていたんです。そうしたら、翌年、船に乗ることができました。船と言っても、砲弾の穴があちこちに空いた貨物船です。一番船底に乗せられて、石炭の炭で真黒になりながらも、家族3人で「やっと日本に帰れる」と喜びあいました。けれど、船の中で病人が出ると、日本が見えているのに船が遠のいていくわけです。そして、死んでしまった人を甲板から投げてね。それでまたしばらくすると「あぁ、日本が近づいてきた」となる。でも、そうするとまた病人が出るわけです。そういうことを繰り返していたから、結局日本に着いたのは、船が出てから2カ月くらい経ってからでした。

私の原点には、そういう、死と隣り合わせの経験があります。そのおかげで「せっかくこの世に生まれてきたんだから、元気で生きよう」という言葉が、自然と出てくる。

人生の伴侶を亡くしたり、多額の借金を背負ったり、生きているのが辛くなったりすることもあると思います。だけどね、今は辛いかもしれないけれど、希望を捨てずに一生懸命生きていれば、きっといいことがあります。人間はどんな状況でも受け入れて、歩んでいくことができると信じています。

せっかくこの世に生まれてきたのだから元気に生きましょう。

どんなにお金があっても
命は買えない。
命があることは何よりの財産。

問答10

今の自分を変えたいです

変わるために大切なものは、自信

「変わりたい」と願いながら、変われずにいる人は、決して少なくありません。

その人は一流大学出身で、中国語と英語とフランス語を話す、素晴らしい才媛でした。美人でしたしね。大企業に勤めていて、お給料もいいんです。でも、売春をしていました。一回3万円受け取るそうです。毎晩のようにしていたので、「ずいぶん、お金が貯まったでしょう」と言ったら「全然」と。そういう人に会うために、最高の下着を用意するし、エステにも行くから、一銭も残らないんですって。じゃあなぜ、そんなことをしていたのか？　彼女は、ただただ人生が虚《むな》しかったのです。

話を聞いてみると、母親が再婚して、新しい父親に虐待されていたそうです。しかもその父親は女癖が悪くて、次から次へと浮気をしていた。そんな環境で育ったため、男性を嫌悪するあまり、逆説的な行動に出てしまったのかもしれません。

けれども、彼女はあることを機に変わりました。サンガ天城にいるとき、5〜6人お客様がいらっしゃることになって、彼女にお料理を任せたんです。「あなた、お料理好きでしょう？　あなたに任せるから、好きな食材を買って、お客様のお料理を用意してくれない？」と言ったら、顔が輝いたの。そして彼女は、見事な中華料理を用意してくれました。お客様もみんな、おいしい、おいしいって食べてね。みんながすごく褒めたんです。そして私は言いました。「あなた、こんな才能があるのに、なぜあんなことをしているの？」と。それ以降、彼女はガラリと変わりました。みんなに認められたことで、自分のしていたことが、いかにバカバカしかったか気がついたのです。そして売春をやめ、今は北京で日本語を教えています。

人が変わるために大切なもの、それは自信なのではないでしょうか。サンガ天城を訪れる女性の多くは、自信を喪失しています。親や夫から「お前はダメだ」と言われ続けているため、自分には何もできないと固く信じています。だから、なかなか前へ足を踏み出せません。

そんな女性たちに私がしてあげられることは、とにかく褒めること。食器を片づけたら褒める。洗濯物を畳んだら褒める。「こんなことで褒められたことはない」と、みんな戸惑いますが、同時にぽろぽろ泣きだすこともよくあります。本当に、心が飢えてしまっているんだと感じます。

相手を褒めるということは、相手の存在を認めてあげるということ。それは、人が生きていく支えとなります。

悩みを抱えた女性たちと向き合うとき、私は「この人は、きっと前を向いて歩いていける」と信じています。けれども、私にできるのは、よちよち歩きの子の手を持って、立ち上がらせるところまで。歩き方は、その人自身が、転んでは立ち上がりながら、習得していくしかないのです。

最初は転んでばかりかもしれません。けれども、転んでしまう自分をどうか責めず、温かく見守ってあげてください。そうすれば、必ず自分の足で歩けるようになります。転んでは立ち上がる堂々巡りこそが人生なのです。

たとえ転んでも
歩き出した自分を
褒めてあげてください。

人生に失敗はつきもの。
大切なのは、
転んでもまた立ち上がること。

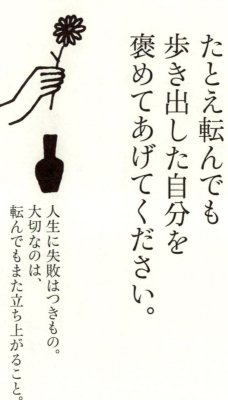

問答11

いい出会いがありません

結婚相手はひとつだけ尊敬できるところがあればいい

私が結婚したいと思った男性、まぁ、夫ですけれども、彼はなかなかプロポーズをしてくれませんでした。それを見かねた私の親が、彼に言ったそうです。「娘も23歳を過ぎているんだから、早くもらってくれ」と。余計なことをねぇ。そうしたら彼は、「結婚はしたいと思っているけど、今の給料では、お嬢さんを養っていけない。だから、もう少し給料が上がったらプロポーズします」と答えたそうです。それを親から聞いて、私は彼にこう言いました。「私が働くからいいじゃない」と。今では当然のことですが、彼は、共働きさせるのは悪いと言いました。でも私は、彼と一緒になれるなら働くことなど全然と。実際、子どもが生まれる直前まで働きました。今では考えられませんが、産後も、子どもを腰紐で柱と結びつけて、ミシンを踏み、足りない分を内職で賄いました。

結果的に、私からプロポーズをしたような形になりましたけれど、私は彼と結婚したかったので、どちらからという形にはこだわりませんでした。彼はとても勉強熱心で、真面目な人でした。そんな彼を、私はとても尊敬していたのです。

「いい出会いがない」という悩みをよく聞きますけれど、結婚相手というのは、尊敬できるところがひとつあれば、それで充分なのではないでしょうか。一緒に生活し始めると、もう無理だと思うことも出てくることでしょう。けれど、どんな危機を迎えようとも、こういう人は二度と現れないだろうというくらい尊敬できるところがあれば、やっぱりこの人についていこうと思えるはずです。

新婚のころの私は、お料理だってそんなにできるわけじゃありませんでしたし、主婦としてはダメでした。だからこそ、尊敬している主人に、少しでも尊敬してもらえる存在でありたいと努力しました。「あの人は、私をどう見るかな」って、自分を客観的に見つめながら、料理も仕事も、精一杯がんばりました。

言い訳をするのは簡単です。「お金がないから」「時間がないから」。でも、そんなこと言っていたって、しょうがないじゃないですか。お金がないならもっと働くしかないし、時間がないなら、本当にやりたいことに時間を使うしかない。人生はとてもシンプルなのです。

尊敬する人に尊敬される自分になりましょう。

人生はとても短い。
言い訳をして人生を終えるより、
できると信じて、方法を見つけよう。

問答12

大きな不幸に見舞われました

どん底を味わったからこそ、ささやかな幸せを感じられる

主人と結婚をしたのは私が26歳のとき。彼は高校の英語教師で、モルモン教徒でした。教会員同士じゃないと結婚できない決まりがあったので、私も仕方なく洗礼を受けました。それで、毎週教会に行って、牧師のお話を聞いたり、讃美歌を歌ったりしていましたけど、正直、信じていたわけではありませんでした。

実は、彼自身も本当に信じていたのかは、ちょっと疑わしく思っています。なぜなら、宣教師がみんなアメリカ人でしたから、英語の勉強になるんですよ。彼は外国人から褒められるくらい英語が上手でしたし、いち高校教師では終わらないと言って勉強を重ねていましたから。でも、戒律が厳しくて大変でした。お茶もコーヒーも、紅茶もお酒も煙草も全部禁止で。私は茶道を習っていたので、じゃあ、それはどうしようかとなったんですけど、茶道は嗜好品《しこう》ではなく、文化を伝えるものだからいいだろうということで、なんとか続けることができました。

そうして、私が27歳のときに長男が生まれ、33歳のときに次男が生まれました。次男が誕生した翌日、主人は「父親の見舞いに行ってくる。明日はここに来られないよ」と言って病室を後にしました。しかし、翌々日になっても病院に来ない。私の母も来ないので不思議に思って電話をしたら「なんか、ケガしたみたいよ」って。嘘なんですけどね。本当は事故で死んでいたんです。でも、産後の私に知らせてはいけないと、医者に止められていたんですって。だから、おかしいなぁと思いながら、主人の学校に電話をして「何か田舎であったらしくて、すみませんがお休みさせてください」って言ったりしてね。でも、学校の皆さんは知っているわけですよ。だから「戸澤先生の奥さんから電話だ」「僕はやだ」って、みんな受話器を回しあって、結局教頭先生が出て「はい、わかりました」って。それから数日経ったころ、私の兄と夫の兄が病室に来て、夫が交通事故で亡くなったことを告げました。

でも、私は信じなかった。だから泣き叫びもしませんでした。私が知らないうちに葬儀も済んでいましたから、まったく実感がわかないし、みんなで嘘をついているんだと思いました。けれど夫は帰って来ない。何日経っても、帰って来ないわけですよ。だから、認めざるを得ない。

そんな私を襲った一番大きな感情は「疑問」でした。信仰心は、それほど真剣に持っていたわけではないけれど、毎月献金をして、しろと言われたことはしていたわけです。それなのになぜ、天国から地獄へ突き落とされるような運命に遭わなくてはいけないのだろうかという思いが、疑問として押し寄せてきました。だから、教会に行って聞いたんです。

「私の夫はどこへ行ったのですか」

すると牧師は言いました。

「いまだ天国で神の教えを知らない人々に、神の教えを伝道するために神が必要として天国に呼ばれたのです」

こんな答え、納得できるわけがないじゃないですか。生まれたばかりの子どもを置いて、妻子を路頭に迷わせて、神が必要としているから天国へ呼ぶなんて到底納得できなかった。だから「あぁ、この宗教はやめよう」と思って、教会へ行くのをやめました。

生きていると、突然、大きな苦を強《し》いられることがあります。胸をかきむしられるような思いに駆られることもあるでしょう。しかしだからといって、その暗闇が永遠に続くとは思わないでいただきたいのです。とても難しいことだというのは、わかっています。けれども、悪いことがあれば、いいこともあるのが人生です。その出来事があったがゆえに、今までとは違う新しい一歩を踏み出すことだって、できるのです。

私は今、毎日がとても楽しいです。「どうしてそんなに笑っていられるんですか?」と聞かれます。「楽しいから!」と答えます。大変だと思うこともありますが、それでもやっぱり楽しいのです。人生は楽しい。そう感じています。

暗闇が
永遠に続くことは
ありません。

同じ光でも、居場所によって
見えるときと見えないときがある。

問答13

人生に迷っています

ときには毛嫌いしていた方向を向いてみる

私は尼僧ですが、若いころは宗教が大嫌いでした。

信頼できるパートナーに出会い、子宝にも恵まれた私は、自分で自分のことを幸せにできると思っていました。「宗教に頼る必要はない」そう信じていたのです。

しかし私は夫を亡くし、幸せの絶頂から奈落の底に突き落とされました。いっときは酒におぼれ、死ぬことばかり考えていましたけれど、子どもたちと生きていくために必死にもがいていたら、尼僧になっていたという感じです。

今思えば、『法華経』との出会いは、夫の導きによるものかもしれません。

夫の死後、「がんばれよ」とか「辛いだろう」とか「寂しいでしょう」とか、周りの方々は独り身になった私にやさしい言葉をかけてくださいました。けれども、すべて虚しく聞こえていました。そんなとき、彼の書棚に『法華経』の本と日蓮聖人のご遺文の本を見つけたのです。彼はモルモン教徒でしたが、そういえば生前「仏教はいいなぁ。ぼくもお坊さんになろうかな」と言ったことがありました。そして私は、それをむさぼるように読みました。

是《こ》の好《よ》き良薬《ろうやく》を今留《とど》めて此《ここ》に在《お》く
汝《なんじ》取って服すべし
差《い》えじと憂《うれ》うることなかれ

これは『法華経』にある一文です。この良薬（どんな病にも効く）を飲めばきっとよくなるから、疑わずに取って飲みなさいという意味です。私はこの一文を繰り返し唱えました。「きっとよくなる」、そう素直に信じて、何度も何度もお題目を唱えました。するとなぜか涙があふれ、同時に、心が洗われていくように感じたのです。

それから、少し勉強してみようかという気持ちになって、『法華経』をひもといていきました。このころは、まさか出家するとは夢にも思っていませんでしたよ。ひとりの信者として生きてみようかと思っただけです。けれども、「ちょっと勉強してみよう」という小さな一歩が、結果的に、大きな一歩となりました。

宗教が大嫌いだった私が、今では尼僧になっているなんて自分でも不思議に思います。けれども、あのときの私にとって、お題目を唱えるということはまさに良薬でした。よくわからなかったけれども、とにかくお題目というものを唱えることがいいんだよと言われて、素直にそれを受け入れようとした。疑わず、抗わず、素直に。

おかげで今は、幸せです。

人生に迷ったとき、ときには毛嫌いしていた方向や、今まで歩んできた道を振り返ってみることも、大切なのかもしれません。なぜなら、人生に迷ったときというのは、今までの自分の物差しでは立ち行かなくなっているときだからです。信じて歩んできた道を、引き返すことも決して間違いではありません。後退も、人生という長い目で見れば、立派な前進です。じっとせずに、もがいていれば、きっと新たな道が開けると信じています。

差《い》えじと憂うることなく「良薬」を飲んでみましょう。

壁を乗り越えられないのなら違う道から行けばいい。

問答14

会社の人間関係が辛いです

いちいち心を引きずられずに受け流す

「会社を辞めたい」という悩みも、とても多いです。「どうして?」と聞いても、大したことじゃないんです。仕事がつまらないとか、給料が安いとか。

「あなたのような悩み、みんな持ってるのよ。あなただけじゃないのよ」と言いますけれど、愚痴を言うだけですっきりすることもありますからね。私は、うなずいたり、お説教したりしながら、愚痴を聞いています。

色々な相談を受けるのは、正直申し上げて、ものすごくしんどいです。特に天城は、四六時中誰かの相手をしないといけませんからね。でも、それは私の仕事だから、「しんどい」とは言っていられません。だって、私のひと言でその人の人生が変わるかもしれないじゃないですか。どうしたらこの人は幸せになれるのかなと、いつも考えていないといけない立場ですからね。「面倒くさい」とか「煩わしい」とか思うことはありません。

自殺未遂をした女性を見舞いに病院へ行ったとき、精神科医から「あなたはご家族の方ですか」と聞かれ、サンガ天城のことを話しました。すると、大変驚いた様子で「精神科医はもう手一杯で、医者が薬を飲んでいるような状態です。今こそ宗教者が病める人々のために働くときです」と言われました。

精神科には次から次に患者が訪れ、医者がゆっくり話を聞けないのが現状です。私には、精神科医のような専門知識はありませんが、ゆっくり話をする時間はあります。そして、『法華経』、お題目という良薬を差し出すことができます。

相手と対話し、内面を見つめ、肌で感じ、心を動かすような言葉をかけること。

それが私の務めだと思っています。それによって下を向いてうずくまっていた女性たちが、前を見て歩いていく姿を見られることは、私にとって大きな喜びです。

不平不満は、言い出したらきりがありません。何事も、求めすぎないことが大切だと思います。イヤな人間はどこにだっていますから、イヤな人間に「いい人」を求めるのはやめましょう。人はなんでも言いたがりますから、たとえ陰口をたたかれたって、いちいち心を引きずられずに、受け流す訓練をするしかありません。給料が安いのが不満なら、もっと働きましょう。そうしないというのであれば、結局足りているということでしょう。

「少欲知足《しょうよくちそく》」の欲望を少なくして満足することを覚えれば、心が豊かになります。もちろん、「もっと出世したい」とか「もっと美しくなりたい」とか、欲を持つことによって努力できることもあります。けれども、そればかりの人生では、心が疲弊してしまいます。心の渇きを止めるには、水を与えなくてはなりません。まずは今日までの自分が、手にしてきたものを認めてあげてください。集めた種にしっかり水をあげるのです。そうすれば、きっと美しい花が咲き、あなたの人生を彩ってくれることでしょう。

今日までの自分が
手にしてきたものを
認めてあげてください。

小さな幸せも、集めれば大きくなる。
それはまるでブーケのように、
人生を美しく彩る。

問答15

老いがこわいです

変化を恐れると執着が生まれる

人は、生まれた瞬間から死に向かって歩いています。ショッキングな言葉ですけれど、人生とはそういうものです。失敗して落ち込んだり、失恋をして自信を失ったり、誰かを激しく憎んだり、大切な人を亡くしたり、生きていると色々ありますね。だけど、そういうことの繰り返しなんです、人生は。

「諸行無常《しょぎょうむじょう》」という言葉があります。

世の中のあらゆる現象は常に変転していて、変化こそが常態である。同じ状態であるものは絶対にないのだから、病気になるのも老いていくのも真理であるという教えです。変化するのは当たり前なんだから、「変わらないでほしい」と願うことは、執着という苦しみを生むことにつながります。

　女性が恐れる「変化」というと、体や見た目の変化があります。多くの女性にとって「老い」は、憎き敵のようなもの。顔のシミをまじまじと見て「若いころのシミひとつない肌に戻りたい」と願う人もいるでしょう。私も、齢《よわい》79となり、できなくなることが増えてきました。若いころのように階段をすたすた降りることはできませんし、体力の衰えも感じています。けれど、ずっと変わらずにいるなんて無理。ものごとは必ず変化するのです。その真理を素直に受け入れれば、生きるのがとてもラクになります。若いころの自分を目指して、抗う必要はないのです。

　美しく老いるというのは、いつもニコニコしている、かわいいおばあちゃんになるということだと思います。それって、心でしょ。人間は、歳を重ねるほど、人生が顔に表れます。

古代インドの『マヌ聖典』には、「四住期《しじゅうき》」という思想があり、人生の在り方を四つに分けて考えています。

学生期《がくしょうき》：師について勉学に励み、多くのことを学んで心身ともに成長させる時期。
家住期《かじゅうき》：社会人となって仕事に励み、結婚して子どもを育てる時期。
林住期《りんじゅうき》：一時的に家を出て、日常的にできなかった自分の夢や生き甲斐《がい》を果たそうとする時期。
遊行期《ゆぎょうき》：聖なるものを求めて、最後の旅をする時期。

79歳である私は、遊行期に位置していることになります。

「最後の旅」というのは、悠々自適に過ごすのではなく、人様のために命を使い果たすことだと解釈しています。私も、昔は世界一周旅行が夢でしたが、今はそういう欲求が見事に消えてしまいました。

人生の終わりが見えてくる「余生」に、人様のお役に立つことで初めて、堂々と死を迎えることができます。笑顔がかわいいおばあちゃんであることが、今の私の目標です。

シワをも愛せる生き方をしましょう。

「最後の旅」とは、人様のために命を使い果たすこと。

恋愛の駆け込み問答

恋愛が長続きしない ↓ 自分を客観的に見る

ちょっと付き合って、すぐに別れるというのは、ワガママなんじゃないかしら。相手にばかり求めているんじゃないですか？　自分がどれだけ素晴らしい女なの？　考えてみましょう。

結婚する気がないなら別にいいんですよ。遊び相手と割り切っているなら、一緒にいるのが楽しくなくなったところで別れる。それでいいじゃないですか。だけど、それは不毛だと思いますよ。ひとつの家庭を作っていくということを真剣に考えて相手と向き合わないと、相手の本質が見えません。少し気に障ることがあっても、ぐっとガマンしてごらんなさい。そして、自分を省みてごらんなさい。

心根、容姿、教養、常識、人から見て自分はどうか。自分を客観的に見られるようになって初めて、相手のことも、ちゃんと見られるようになるんですよ。

レベルの高い男性と付き合いたい ↓ 自分を高める

素敵な恋人が欲しければ、自分が素敵な女性になりなさい。私にはこれしか申し上げることができません。人から見て自分はどうだろうかと、まず考えるんですよ。あなたが誰からも求められるような素晴らしい女性なら、「イイ人がいるよ」と、素敵な男性を紹介されることもあるでしょう。

よく「恋人とケンカが絶えません」と言って、恋人がいかにひどい人間なのか、説明されることがあります。でもね、ケンカというのは、同レベルの人間同士にしかできないの。恋人と本気でケンカができるということは、あなたも恋人と同じレベルの人間だということ。類は類を呼ぶのです。相手に高いレベルを求めたり、文句を言ったりするのは自由ですけれど、求めるだけでは何も手に入りません。あなたがちゃんと、与えないとね。そこからすべてが始まるのです。

大失恋をした↓いつか必ず過去になる

一生一緒にいたいと願った男性と、お別れするのは辛いことだと思います。でもね、必ず時間が解決してくれます。しばらくは、何を見ても、何を聞いても、相手の面影を求めてしまうことでしょう。だけど、それもやがて薄れていくの。だんだん思い出せなくなることが増えて、いつかちゃんと過去という引き出しに、思い出としてしまうことができます。今は想像もできないだろうけれど、時の流れは無常で、悲しいことはもちろん、楽しいことすらぼんやりさせていくのです。過去にとらわれる時間は、もったいないですよ。あなたは今を生きているんだから、今の時間を大切にしてくださいね。

不倫から抜け出せない➡自分を嫌いにならない生き方を

不倫は、いずれ別れが来ます。家庭のある男性を好きになってしまっても、彼は必ず家に帰りますからね。それを覚悟して恋愛することですね。それにね、人の道を外れると必ず自分に返ってきます。奥さんの立場になって考えてみてください。奥さんからすれば、あなたは外道ですよ。たとえ略奪婚をしたとしても、きっと、いずれ別れが来ます。だって、元々そういう男なんだから。

W不倫のような形で、夫・子どもがいるにもかかわらず、不倫をする女性もいるようです。自由をはき違えていますよね。どんなに家事をきちんとしたって、どんなに教育熱心だって、不倫は許されることではありません。人が人として生きていくためには、ルールがあるのです。誰に気づかれなくても、確実に心が汚れていきます。自分を嫌いにならない生き方を、していただきたいと思います。

浮気をされた➡1回は許してあげる

恋人やご主人に浮気をされたと、泣きながら相談に来る女性がたくさんいます。でも、1回の浮気で、そんなに目くじらを立てるのはやめませんか？

女性が浮気をすると、「ひどい女だ！」と罵倒されますから、納得いかない人もいるかもしれません。けれど、男ってそういうものなんです。いっそのこと、違う種の生きものだと思ったほうが、いいかもしれない。だから、浮気をされても1回は許してあげましょうよ。誰にだって過ちはあるんですから、大目にみましょう。幸せになれる条件は、たったひとつ。相手を許すことですよ。

40歳を過ぎても独身➡ちゃんと「迷う」ことが大事

このままずっとひとりかもしれない？　40歳を過ぎて、漠然と不安に思う人も多いですね。今まで人並みに恋愛をしてきて、結婚のチャンスもあったけれども、結局今はひとり。だから「あのとき結婚していればよかったのかな」なんて、思うこともあるようです。だけどね、後悔なんてしなくていいんですよ。過去のあなたは、迷った末に今の道を選んだのです。そのときの自分を認めてあげましょう。大丈夫！ あなたは今も幸せだし、これから、もっと幸せになれますよ。そのためには、これからもちゃんと「迷う」ことが大事。「本当にこれでよかったのかな」と過去の自分に迷う時間を、未来の自分のために使ってください。「このままでいいのか？」「どうすることが自分にとって幸せなのか？」よく考えてみてください。出会いだって、これからまだまだあります。今は「これからも、ひとりで生きていける」と思っているかもしれないけれど、60歳、70歳になったときにひとりだと、寂しいですよ。まだまだ人生長いんですから、これからもしっかり迷ってくださいね。

好きな人ができない➡まずは自分を大好きになる

好きな人ができないというのは、愛し方を忘れてしまったということ。日ごろから、練習していないんじゃないかしら。ちゃんと、自分自身を愛していますか？

自分を愛してあげないと、誰かを愛することはできません。「こんな私に好かれても、相手はどうせ迷惑なだけ」って思ってしまうでしょう。だから、好きな人ができないという人は、まずは自分を大好きになることから始めればいいと思いますよ。ちょっとしたことでいいの。部屋を掃除するとか、元気にあいさつをするとか、小さなことでも、やればすごく気持ちがいいじゃないですか。そうすると、心に温かいものが広がるでしょう。それが、愛なんですよ。

3
許す心を生む

問答16

相手の過ちが許せません

自分はそんなに完璧な人間だろうか

サンガ天城を訪れる女性たちの悩みはさまざまです。けれど彼女たちの口癖は、「絶対に許せない」「私はこんなにがんばっているのに、相手は何もしてくれない」など、相手に期待することで生まれる言葉が多いように感じます。

相手に期待をするということは、言い換えれば、相手に依存しているということ。女性は、依存しやすい環境にありますね。仕事をしていない場合は、ご主人に経済的に頼らざるを得ませんし、日々の生活に不満が積もれば、お酒に走ったり、買い物でストレスを発散したりすることもあるでしょう。けれども、女性が真に幸せに生きるには、何かに依存するのではなく、自立する必要があります。前を向いて歩いていくためには、きちんと自分の足で立たなくてはならないからです。

最近、こんな女性が相談に訪れました。ご主人がキレイな女性と出会い、一緒にお茶をしたりしているようだと、顔をゆがめて言うのです。でも「しているようだ」ですよ？ まだ浮気が確定したわけでもないのに、「許せない」と嘆くのです。けれども話をよく聞いてみると、彼女はご主人に何もしてあげていないんですよね。ご主人は器用な方で、食事の支度も身の回りのことも、全部自分でしてしまうそうなんですが、彼女は、専業主婦なんですよ。せめて、毎朝ご主人の靴を用意したり、ネクタイを選んだり、してあげられることがたくさんあるじゃないですか。でも、一度もしたことがないと。そんな自分を省みることもなく、彼女は今、家を出てホテルで暮らしているんです。ご主人のお金でね。

彼女は、一度も働いたことがないという、とても恵まれた方。私は戦後、小学校2年生のころには、肩から紐で結んだ机の引き出しを抱えて物売りをしていました。そして、79歳になった今でも働きづめですから、働いたことがないなんて、幸せな人だと心から思います。でも、彼女はその幸せに気づいていないんですよね。自分のことを棚に上げ、ご主人に依存したまま「許せない！」と息巻いている。本当に許せないのなら、まずは経済的に自立して、ご主人と別れてしまえばいいのです。ところが、それをするでもなく、不平不満を言っている。

私はそんな彼女にこう言いました。

「感謝しましょう。そうすれば、心から幸せになれますよ」

彼女のように、自分のしてきたことは簡単に許すのに、相手のしたことはどんなに小さなことでも許さないという女性は、決して少なくありません。けれども、それっておかしいでしょう？

『法句経』に次のような詩歌があります。

他《ひと》の過ちを見るなかれ
他の作さざるを責めるなかれ
おのが何をいかにしたかを
自らに問うべし

許すという気持ちは、自分の小ささを知り、相手に感謝することで生まれます。ですから、もし「許せない」と恨む気持ちに支配されたら、まずは自分の行動を振り返ってみていただきたいのです。人を責められるほど完璧ではない、己の姿がきっと見えてくると思います。

許す気持ちは、自分の小ささを知り、感謝することで生まれます。

相手を責められるほど、自分は優れた人間だろうか。胸に手を当てて考えることで、許す心が生まれる。

問答17

結婚はしないといけませんか

気遣いを通して人は成長する

はっきり言いますが、結婚はしたほうがいいです。

こういう話をすると「でも、いい出会いがないんです」と言われます。

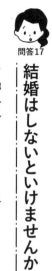

私も今まで、何回もお見合いをセッティングしてきました。この間もしましたよ。男性は、大手メーカーに勤務した後、独立して、コンピュータ関係の仕事をしているとても頭のよい方。アパートも持っているし、経済的にとても豊かです。

男性は、相手の女性をとても気に入ったんですよ。でも女性のほうがね、男性のお父さんと同居するのが条件だったから、そこが気になったようです。でも、誰にだって親はいるんですからね。当の相手に尊敬できるところがひとつでもあるなら、とりあえず結婚しちゃえばいいのに、と思います。

昔は、ひとりの人に添い遂げるのがよしとされていましたけれど、今は簡単に離婚できるじゃないですか。昔から「馬には乗ってみよ、人には添うてみよ」って言うんですよ。色々迷って何もしないより、とりあえず経験したほうが得るものは多いと思います。

結婚というのは、それまで30年、40年違う生活をしてきた人間が、ともにひとつ屋根の下で暮らすことです。ですから、考え方や生活スタイルが違って当然です。結婚生活を送るには、努力が必要なんです。

でも、その努力を「面倒くさい」と感じる人が多いようです。「ひとりのほうがラク」と言っている女性も見かけます。確かに、ひとりのほうがラクですよ。自分が好きなときに起きて、寝て、食べて、遊んで、働いて。すべて自分の思うままですからね。「料理をするのも面倒だから、晩ご飯はコンビニのお弁当で済ます」という女性もいるようです。でも、家に帰って、テレビを見ながら買って来たお弁当を食べる。その虚しさ、ぞっとします。なぜならそこには、自分のやりたいことがただ寝転んでいるだけで、幸せ感がないからです。

「この人は違う」と出会いをすぐに切り捨てるのではなく、まずは相手を理解する努力をする。「もっといい人と出会いたい」と思うなら、自分がそれにふさわしいほどいい女なのか、省みる。それしかありません。

サンガ天城を訪れる女性の中には、60代でも「旦那と別れて婚活します！」と、息巻いている人も多いです。それは引きとめますけれど、まだ30、40、50歳くらいであるならば、女盛りじゃないですか。ひとりのほうがラクだから結婚はしない、なんて自分の人生を決めつけるのはもったいないです。人と交わると、もちろん傷つくこともあります。でも、気遣いを通して人は成長するんです。それを一番実践できるのが、結婚なのです。

とは言え、いくら結婚したいと望んでも、色々な事情で諦めざるをえない人もいることでしょう。「自分はこのまま一生ひとりなんだろうか」と、不安でたまらないという人もいると思います。でもね、たとえひとりで暮らしているとしても、決して独りではありません。人は誰しも、たくさんの人とのつながりの中で生かされているのです。結婚していようが、していまいが、人は誰しもひとりで生まれて、ひとりで死んでいきます。だけどみんな、独りではない。そのことを、どうか忘れずにいてください。

迷って何もしないより、
とりあえず経験したほうが
得るものは多いでしょう。

自分の人生の傍観者に
なってはいけない。

問答18

過去の出来事から立ち直れません

起きてしまった出来事は許すしかない

愚かな人々は
未来のことにあくせくし
過去のことを思い出して悲しみ
そのために萎《しお》れていく

お釈迦様がおっしゃるこの言葉は、多くの人にあてはまることでしょう。夫が事故死した直後の私は、まさにこの「愚かな人」。先行きが見えない未来に心をもがれ、毎日「明日こそ死のう」と考えていました。そして、夫が事故死する原因となった車について、悔いていました。

実は、夫は車を買ったわずか3カ月後に、事故で亡くなってしまったのです。「いくら自分が気をつけていても、相手がぶつかって来ることもあるんだから、車を持つのはやめよう」と、私は車を買うことに反対しました。でも、夫がどうしても乗りたいと言うので、折れたんです。その結果、あんなことに。だから「もっとあのとき、反対しておけばよかった」と悔やむこともありましたし、幸せだったころを思い出し、涙することもありました。

そんな毎日なので、私は「今日」という日に存在していませんでした。心が在るのは未来か過去で「今」はただ、空虚な時間を積み重ねるばかり。そしてそのことが、私を萎れさせ、さらに過去と未来にしばられる。そんな愚かな生き方をしていたのです。

結果的に、私は信仰を手に入れたことで、愚かな生き方に決別することができました。「夫を亡くし、ひとりになってしまったのは私のせいではない。でも、これも仕方のない現実。いつまでも情けなく生きるのではなく、生かされているこの命を大切にしたい」そう思うようになりました。

私の命は、仏様によって生かされ、世間様によって生かされ、そして亡くなった夫によっても生かされています。「私のこの行動を、夫が見たらどう思うだろう」。何かあるたびにそう考えているからです。

「愚かな人々」にならないために大切なのは、まず、自分の過去を許すこと。辛いけれども、起きてしまった出来事は許すしかありません。いつまでも許さず、後ろを振り返って歩いていると、前が見えないので転んでしまいます。

今は真っ暗なトンネルの中にいるかもしれません。けれど、光が差し込む出口を見つけるためには、前を向くしかないのです。

今日という日に存在してください。

過去は変わらない。
けれど未来はこれから作っていける。
だから前を見て歩いていこう。

問答19

恩知らずに腹が立ちます

人間はよくも悪くも忘れる生きもの

忘却するという能力がなかったら、私は生きてこられませんでした。
夫が亡くなって、悲しみに押しつぶされて、毎日枕がぐしょぐしょになるまで泣いていました。とても立ち直れないと思っていました。でも、私は今、毎日がとても楽しいのです。

人間って、忘れていくんですよ。これはとてもいい能力。天から与えられた恵みですね。どんなに辛いことも、必ず時間が解決してくれます。

その代わり、人から受けた恩も人間は忘れてしまいます。育ててもらった恩を忘れて、ひどい言葉を私が母に投げつけてしまったように、どんなに大きな恩も時間とともに忘れていってしまうのです。

けれども、恩を与えた側の人間は決してそれを嘆いてはいけません。

以前、サンガ天城を訪れた女性と、こんなやりとりがありました。

その人は20代後半で、人間関係に悩んでいました。一番うまくいかないのは、親との仲。コミュニケーションをとるのが不得手なので、パートに行ってもすぐに辞めてしまいます。サンガ天城では、衣食住を提供して、女性の自立を支援していますが、もちろんお小遣いはありません。ですから、女性たちの多くはサンガ天城で生活をしながら、仕事をしてお金を貯め、巣立つ準備をしています。けれども、彼女は仕事が続かない。だからお金がない。なのに「煙草代を貸してください」とせがむのです。

「あなたねぇ、自分のお金がないのに、煙草なんてやめるのが普通じゃないですか？　人から借金をしてまで嗜好品を買うなんて、非常識ですよ」とお説教をしても、気が狂ったように泣き叫びます。仕方がないから、借用書を書かせて貸すのですけど、返さないんですよね。人からお金を借りるのは恥ずかしいことだという倫理観が備わっていないのです。結局、20万円くらい貸しましたが、いまだに返してもらっていません。

私も人間ですし、サンガ天城は決して豊かな施設ではありませんから、恩知らずに腹が立つこともありますよ。だから、そんなときはこう考えるようにしています。「私の貸したお金は、仏様にお布施させていただいたのだ」と。もし、彼女が今後、人の情けがわかる人間になれたとしたら、貸したお金はそれ以上の価値を持つことになります。そのお手伝いをさせていただけたのであれば、ありがたいことです。たとえ相手に恩を仇《あだ》で返されたとしても、相手が幸せなら、それをちゃんと喜べる人間でありたい。私はそう思っています。

「忘れる力」それは天から与えられた恵みなのです。

親切にした相手に裏切られたとき、「与えた恩は仏様にお布施させていただいた」と思えばいい。

問答20

いじめにどう対処したらいいでしょう

相手からは逃げても、人生からは逃げない

今も昔も、大人の世界も子どもの世界も、いじめがあります。嫌われやすい人間だけが標的にされるわけではなく、人間の心の中には嫉妬心というものがありますからね、優秀な人間もいじめられることがあります。客観的に見て、自分に非がないのであれば、逃げればいいと思います。その代わり、生きることから逃げてはいけません。

実は私も、職場でいじめられたことがあります。課長がすごくイヤな人間でね。

その課長の下で働くのがガマンできなくて、会社を辞めました。

ちょうど子育ての真っただ中だったので「明日から給料が入ってこなくなるし、どうしよう」と思ってずっと耐えていたんですけれど、このままだと自分がつぶれてしまうと思って辞めました。そしたら、捨てる神あれば拾う神ありで「うちにお茶を教えに来てくれないか」と声をかけてもらえたんです。お給料も今までの倍もらえました。

いじめられているときは、「どうして私ばっかりこんな目に」と思いました。『法華経』をきちんと勉強する前だったので、卑屈になることもありました。そんなとき、ある人にこう言われたのです。

「森の木は、秀でている木から倒される」

森の木は、大体背丈がそろっていますけれど、1本だけ背が高い木があると、強風で先に倒されてしまいます。そういうたとえ話がお経にあるんだよと教えられて、だから誇りに思えって。戸澤さんは仕事ができるから、あの人は辛くあたるんだよと励ましてくれたんです。その言葉のおかげで、ずいぶん心が軽くなりました。

ＤＶの被害者が、相談に訪れることも多いのですが、彼女たちは毎日家庭でいじめにあっているようなものです。想像を絶する辛さでしょう。だから彼女たちにも言っています。「そんな男のところに戻ってはダメ。一生逃げなさい」と。

私たちは、殴られたり、いじめられたりするために生まれてきたわけではありません。また、誰かに評価されるために生きているわけでもありません。ただ、与えられた使命を全うし、自分で自分の人生を納得できればいい。私はそう思っています。

私をいじめた相手を、恨むこともありません。許しています。なぜなら、相手を許さない限り、本当の意味で忘れることはできないからです。

仏教に「四《し》無量心《むりょうしん》」という教えがあります。悟りを開いたお釈迦様の心にあるといわれている「慈・悲・喜・捨」の四つの深い心を表したものです。

慈無量心：相手に喜びや楽しみを積極的に与えること。
悲無量心：相手の悲しみや苦しみを抜き取ってあげること。
喜無量心：幸せな人を見て、自分も同じように幸せを感じること。
捨無量心：好き嫌いによる差別の心を捨て、あらゆる恨みを捨てること。

私は「捨無量心」を「許す心」と解釈しています。
いじめている人から、物理的に逃げることはできます。けれども、自分の中に生まれた負の感情から逃れることはできません。逃れるためには、大きな心で相手を許すしかないのです。憎むべき相手を許したときに初めて、私たちは、人生から逃げ出さずに、生きていくことができるのです。

自分の負の感情から逃れるためには、相手を許すしかありません。

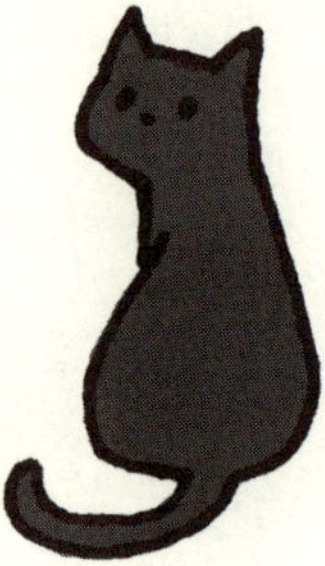

人をいじめる人間は、哀れむべき弱き存在。怒りで向き合う必要はない。

問答21

子育てに自信が持てません

大切なのは「わかりあえる」と信じる心

私たち家族が収容所に入れられていたとき、母が病気になりました。シラミによるチフスで高熱を出して、もうなんにもわからない状態。歌ばっかり歌って、ろうそくで頭の毛を燃やしたりしてね。収容所にいる女を目当てに、ソ連兵が押し掛けてくるんですけど、母はそういう状態だからソ連兵も気持ち悪がって寄ってこなかった。それは幸いでしたね。それから奇跡的に病気が回復して日本に帰ることができたのですが、とにかく食べ物と仕事がありません。だから、親戚の家に身を寄せて、お年寄りの下の世話から食事の世話まで全部しながら、母は私たちに食事を与えてくれました。弱音ひとつ吐かずに。

そのおかげで、私はそれほど苦労というものを感じませんでした。お腹は空いていましたけど、心は渇いていなかった。それほど強い母なのに、私が大人になってから発したひと言で、死のうとしてしまうんですから、当時の母がどれほど耐え忍んでいたのか改めて思い知らされます。

私自身も、母と同じ30代のときに、女手ひとつで子育てをしていくことになりました。日曜日も働いていたので、子どもたちと接する時間はほとんどなく、遠足にも運動会にも行っていません。子どもたちは寂しかっただろうと思いますけれど、なぜ、お母さんがあまり家にいないのかということを、彼らはちゃんとわかっていました。「お母さんは一生懸命働いて、学校のお金や洋服を買うお金を作らなくちゃいけない。だから人様に迷惑をかけることはしないでね」と、目を見て伝えていました。しつけと言っても、接する時間があまりないので、教えたことは本当に基本的なことだけです。そしてなんとか、人の道を外れることなく、息子たちは大人になりました。不思議なもので、長男は今、僧侶になっています。「子育てに自信が持てない」というお母さんがいますけれど、ごく自然なことだと思います。私も自信なんてありませんでした。大切なわが子ですからね、みんな迷いながら一生懸命育てています。特に、最近は働くお母さんが増えましたから、仕事をしながら子どもを育てるのは大変でしょう。早くから保育園に預けたり、ひとりっ子だったりすると、「かわいそう」とか「2人目はまだ?」なんて言われたりね。本当に大きなお世話ですよ。他人に何を言われようが、家族が笑って過ごせているならそれでいいじゃないですか。気にすることはありません。

それでも、一緒にいる時間が少ないと、不安に思うこともあるでしょう。でも、常にそばにいることがよい子育てとは限りません。大切なのは、そばにいる時間の長さではなくて、相手の目を見て向き合うこと。そうすれば、きっとわかりあえると信じています。

他人に何を言われようが、
家族が笑って過ごせているなら
それでいいのです。

そばにいる時間の長さと、
絆の深さは比例しない。

問答22

他人に振り回されてしまいます

人は交わりの中で生かされている

46歳で出家をし、僧侶になったものの、私には仏様の教えを伝える場がありませんでした。在家信者からの出家だったため、檀家がなく、葬式も法事もないからです。そこで私は「高座説教師」を目指すことにしました。仏教や日蓮聖人の教えを説くことを専門的に行う僧侶のことを言うのですが、茶道の師範をしながらの勉強で、その上子どもも学生だったので、資格を取得するのに10年ほどかかってしまいました。

けれども、そのおかげで全国のお寺から声がかかるようになり、人様の前で説法をする機会も増えていきました。私が説法をすれば、「ありがたい」と感謝していただき、私もそれに喜びを感じていました。ところが、そんな生活を6〜7年続けていると、私の心に疑問がわいてきたのです。

「語っているだけでいいのだろうか」と。

『法華経』は素晴らしいですよ、このお題目を唱えていればいいですよと、そんなことを言っているだけでいいのだろうかという思いに駆られるようになりました。私はただ、お寺に呼ばれて、お寺さんが集めてくださった人たちの前で、お説教をしているだけ。それが果たして真の説教と言えるのかと、疑問を感じました。言葉で人様に喜びを与えることはできているかもしれないけれど、もっと世間には苦しんでいる人がいるだろうと思うようになったのです。

ちょうどそのころ、ＤＶ防止法が成立しました。夫や恋人からの暴力に悩む女性たちがいかに多いか、いかに苦しんでいるのかを報道で知ることとなったのです。それと同時に、彼女たちには逃げ場がないことも知りました。役所で相談することはできますが、身を預ける場所はありません。「だったら私が作ろう」そう思いました。65歳のときでした。

しかし、周りは「反対!」の大合唱。「なぜその歳になって、わざわざまた苦労を背負いこむんだ。説教師として充分務めているじゃないか」と、特に兄は反対で、私の息子あてに12枚くらい手紙をよこしました。「自分が言っても聞かないから、お前たちからお母さんを説得しなさい」って。けれども、私の決意が揺らぐことはありませんでした。

そして、多くの皆様に支えていただきながら、長年大切にしてきた茶道具を売ったり、自宅を抵当に入れてローンを組んだりして、なんとか2003年にサンガ天城を開堂することができたのです。

サンガ天城のサンガ(僧伽《そうぎゃ》)とは梵語で「密接な結合」を意味しています。よき友の集う場所、道を求める人の集う場所になってほしいという思いをこめてつけました。
共同生活をしていると、トラブルがあとを絶ちません。けれども、そうした交わりを通して彼女たちは、気遣いや相手を許す気持ち、自立心などを育んでいくのです。

仲間の中におれば、休むにも、立つにも、
行くにも、旅するにも、
つねにひとに呼びかけられる。
他人に従属しない独立自由を目指して、
犀《さい》の角のようにただ独り歩め。

『スッタニパータ』にある言葉です。
誰かと生活を共にしたり、深く関わって生きていたりすると、煩わされることも多いでしょう。ですから、他人に振り回されない自己をしっかり持ち、自立して生きることが大切です。サンガ天城で暮らす女性たちには、自立することの大切さを特に丁寧に説いています。

けれども、すべての関係を断ち切って生きることができないのも、人生なのです。朱に染まることはなくとも、他と交じりあって生きていく。それこそが人生なのではないでしょうか。

自己をしっかり持ち
自立して生きることが
大切です。

犀の角のように
ただ独り歩め。

問答23

自分の容姿を好きになれません

よいところも悪いところもひっくるめて自分の個性

おととし胃がんになりました。でも、すべては取り切れなかったので今もがんが残っています。悪化する可能性はありますが、延命するつもりはありません。死に方としては、ピンピンころりが理想ですけれど、死に方は選べませんからね。これはこれで、死に支度ができるから、まぁいいかと思っています。

人からよく、「庵主さんは、自分が好きですか?」と聞かれます。もちろん「大好きよ」と答えます。だって、世界にひとりしかいない自分を嫌ってどうするんですか。自分を好きにならないと、他人を愛することはできません。

だけどね、実は私も子どものころ、自分を嫌いな時期がありました。容姿にコンプレックスがあったんです。だから「自分の容姿を好きになれない」という悲しさはよくわかります。私はぺちゃんこな鼻が嫌いでね、洗濯バサミでつまんだこともありました。だから悩んだ末、祖母に聞いたんです。「おばあちゃん、なんで私の顔って、こんなに醜いのかしら」って。そうしたら「おまえの唇は、本当にいい形をしているよ。口紅をつけたみたいに赤いし、第一髪の毛がとてもきれいだよ。それは自慢になると思うよ」と言ってくれました。私は、嫌いな鼻ばかりに心を引きずられていましたが、よいところもある、そしてすべてひっくるめて私の個性なんだと教えてもらったことで、コンプレックスはなくなりました。

容姿なんて、目に見えるだけのものです。それよりも、ずっとやりとりしなくてはいけない心を清めるほうが大切。落ち込んだとき、迷ったとき、相談する相手は顔ではなくて、己の心です。人生の終わりが近づいてきたとき、人は生きてきた道を振り返り、死に支度をします。最良の支度を整えるためには、よき〝相談相手〟が必要です。今のうちから心を清らかに、美しく磨いていきましょう。そうすれば、穏やかな気持ちで最期を迎えられるはずです。

容姿なんて目に見えるだけのもの。
心を清めるほうが大切です。

相談する相手は
顔ではなく己の心。

家族の駆け込み問答

夫との仲が冷え切っている ↓ イヤなところは見ない

何十年も一緒にいれば、イヤなところが見えてくるのは当然です。イヤなところはみんな持っているんだから、それは見ないようにしましょう。仲よく暮らすコツは、イヤなところを見ず、いいところを見つけて、それを何十倍にもふくらませること。

私の夫のいいところは、「尊敬できる」ということでした。尊敬できれば、生き方に共感ができますから、多少ごたごたがあってもやっぱりついていこうと思えます。「この人の、こういうところがイヤ」って、イヤだイヤだと思いながら生きるより、いいところに目を向けて、感謝しながら生きましょうよ。そうすれば、幸せになれますよ。

仕事と家事の両立が大変➡継続することで成長する

私は高校を卒業してから、ずっと茶道を続けているおかげで、助けられたことがたくさんあります。人生を通して、何かを継続するということは、人を成長させてくれるんですよね。まさに「継続は力なり」です。だから、「仕事を辞めて専業主婦になるほうがいいか？」と聞かれれば、「仕事は続けたほうがいい」と答えるでしょう。

もちろん、色々なケースがありますからね、子育てや介護などで、辞めざるをえないこともあると思います。でも、それらのお役目も、必ず終わりを迎えます。だから、そのときに「私の人生、なんだったのかしら」とは思わないように生きてほしい。仕事じゃなくて、習い事でもいいですよ。世間と交わりながら、自分を成長させられる何かに、身を投じていただきたいのです。

夫が暴力をふるう↓直らないから逃げる

駆け込み寺で一番多い悩みは、ＤＶについてです。夫や親から、中には子どものＤＶから逃げてきた70代の夫婦もいました。

ほとんどのＤＶは、連鎖します。親に暴力をふるわれて育ったら、その子どもが親になったとき、同じような家庭を築いてしまうのは仕方のないことかもしれません。残念なことに、これは直らないんですよね。だから、ご主人が、あなたや子どもに暴力をふるっているなら、逃げるしかありません。ご主人を捨ててください。そして、自分と子どもを守るのです。

子どもに手をあげてしまう➡ぐっとこらえて深呼吸

「ついカッとなって、子どもをたたいてしまう」というお母さんもいます。一生懸命作った食事を子どもがちゃんと食べなかったり、家の中を走り回ったり、ちょっとしたことでカッとしてしまうようです。そして「どうしてこれくらいのことで怒ってしまったんだろう」と、寝ている子どもに謝るという繰り返し。でも、寝ている子どもに謝っても、子どもには聞こえていません。そういうところが、すでにエゴだと気づいてほしい。

もし、子どもに手をあげそうになったら、子どもの顔をよく見てごらんなさい。手をふりかざしたあなたに、おびえているでしょう？　そのときのあなたは、鬼のような顔をしているんですよ。

子育ては、予想できないことの連続。それが当たり前なんです。カッとなったら、ぐっとこらえて深呼吸。大丈夫。できますよ。

親がぼけた➡どんな最期であろうと感謝する

親がぼけるというのは、悲しいことですよね。私の母は、ピンピンころりだったんです。早朝出掛ける支度をしながら、なぜかぐずぐずしていると、母の部屋からドスーンという音がしました。飛んで行き、「お母さんお母さん！」と呼びかけたら、かすかに瞳が動きました。でも、最期の言葉は交わせないまま、4日後に亡くなりました。弱った姿や、ぼけた姿を見ずに済んだというのは、ある意味よかったけれども、心の準備ができないのも辛いです。

どんな最期であろうと、自分を産んで育ててくれたという恩に感謝しなければいけません。本当は、生きている間に親孝行ができればいいんですけど、失くさないと気づかないのが、人間の愚かさです。でも、親孝行をしないまま逝かれると、とても後悔しますよ。「産んでくれてありがとう」なんて言わなくてもいいから、「元気？」って、電話やメールをするだけでもいいんです。

4 すべてを喜びとする

問答24

働きたくありません

続けることは生きる力となる

近年は、社会で活躍する女性が増えました。とても喜ばしく思います。女であろうと、男であろうと、自分で自分の生活を賄うことは、とても大切だからです。

私は経済的な理由で大学進学を諦め、18歳で就職をしました。当時も、働く女性はたくさんいましたが、結婚するまでという意識が強かったように思います。でも、自分自身が本当に結婚できるかなんてわからないので、私は習い事にいそしみました。今で言う、自分磨きですね。茶道、華道、洋裁、絵、速記など、本当に遊ぶ暇がなかったですよ。とにかく、なんでも身につけておこう、損はないだろうという思いで必死に毎日を生きていました。

結婚するときも「茶道を一生続けさせてほしい」と相手にお願いしました。すると彼はこう言ったのです。

「これからの女性は、家事育児に終始するのではなく、一生かけて勉強するものを持つべきだと僕も思うよ」

彼は教育者だったので、学びに対する理解が先進的だったと思います。

そのおかげで、彼を33歳で亡くし、独り身になってからは、茶道で身を立てることができました。今でも続いているのは茶道だけですが、茶道というのは総合芸術といわれるように、お花も書も料理も、色々な要素が入っているわけです。私にとって、茶道に真剣に取り組んだことは、経済的にはもちろん、ひとりの人間として歩んでいく上で大きな支えとなりました。

私は、戦後の悲惨な状況下で、必死に私たちを育ててくれた母を見て育ったため、自立心が特に強いのかもしれません。でも、いつの時代にせよ、何歳であろうとも、自立することは、幸せに生きる基盤になると思っています。

誰かに寄りかかって生きている状態は、言ってみれば片足立ちの状態です。人生に曇りがなく、晴天が続いている時期はよいでしょうが、雨風にさらされたときはどうでしょう。それまで保たれていたバランスが崩れて、きっと倒れてしまうことでしょう。

もしもあなたが今、ご主人やご両親に頼って生きているとしても、自分の足で立つことを考えてみていただきたいのです。なんでもいいから、まずは自分の好きなこと、それをすることによって喜びを得られることを見つけてみてください。それが今現在のあなた、ひいては未来のあなたの人生も明るく照らしてくれることでしょう。自信がなくても大丈夫。あなたは、自分で歩けない赤ん坊のころですら、自分の両手、両足を地面につけて、一生懸命前に進んでいたのです。大人になった今のあなたが、自分で前に進めないわけがありません。

人に寄りかかって生きる人生は、
揺らぎやすいものです。

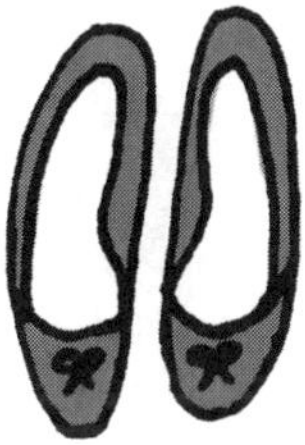

自分の足で立たないと
思うようには歩けない。

問答25

専業主婦であることに引け目を感じます

「誰かのために」を喜びとして行動する

女性も自立すべきだと私は申し上げていますけど、一概に「働け！」と言っているわけではありません。家庭に入るというのも素晴らしいことだと思います。

自立には、二種類ありますね。精神的な自立と経済的な自立。

家庭に入って家族のために家事をするというのは、考え方次第で、精神的な自立となります。家事は、一見単純作業に思えますけれど、実は創作の連続です。たとえば「今日は寒いから温かいお鍋にしよう」とか、「家族が使いやすいように書棚を整理しよう」とか、あらゆる作業にその人の心が表れます。そうやって、誰かのために創作をするのは、大きな喜びとなります。

一方、「夫が家事を手伝ってくれない」「子どもが言うことを聞いてくれない」など、相手にばかり求める人は、知らず知らずのうちに相手に依存をしています。相手の気持ちや行動ありきで物事をとらえているからです。そうではなくて、「誰かのために」を喜びとして行動すれば、毎日の家事を通しても、陰徳を積むことになるのです。そしてそれは、精神的自立につながります。

もちろん、いつ何が起きるかわからない世の中ですからね、経済的な自立を目指すことも大切です。けれども、精神的に自立できていれば、それは生きる支えとなります。支えがあれば、何をやっても生きていけるから大丈夫。

家事に限らず、毎日の、ちょっとした行動もすべて創作の連続です。感謝しましょう。すべてを喜びとしましょう。そうすれば人生が、楽しくなります。

精神的に自立することが生きる支えとなります。

単純作業にも、その人の心が表れる。
すべてに感謝して取り組むことで、人生は豊かになる。

問答26

仕事をクビになりました

考え方を変えれば人生が変わる

東京で開いているおばんざい屋の名前は、「地獄に佛」と言います。あるとき、そこにひとりのサラリーマンが入って来ました。店名につられたそうです。「何にします?」と聞いても、返事がなくて。「飲んでいただかないと困るんですけど」と言うと「……じゃあ、ビール」って。ものすごく暗い顔をしていました。話を聞いてみると、リストラされたそうです。外資系のＩＴ企業に勤めていたのですが、日本の支社が閉鎖されることになって、突然今日、言い渡されたと。

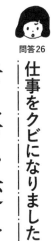

「明日、ハローワークに行かなくちゃ」なんて、暗い顔して言うんですけど、50代なんですよね。ハローワークに行ったたって今までと同じくらいのお給料をもらえる仕事なんて、そうそうありません。だから言ったんです。「あなた、今までやってきた技術を生かしたらいかが？」って。新しい仕事を探すんじゃなくて、仲間と起業することを勧めました。だって、せっかく会社員時代にお客さんを持っていたんですから、そのご縁を捨てるのはもったいないじゃないですか。「会社はつぶれましたけど、今まで通りさせていただきますから、そのまま契約してくださいって言ってがんばりなさいよ！」と励ましたら、だんだん顔が明るくなってきましたよ。「もう一杯もらおうかな」なんて言ってね。

自分の力を発揮する場所は、与えられるものではありません。自分でこしらえるものです。会社のお茶くみにしてもそうです。「なんで私がこんなことを」と思うのではなく「あの人のために、とびきりおいしいお茶をいれてあげよう」と思えばいいじゃないですか。環境は変えられないかもしれないけれど、考え方は変えられます。なんでも考え方次第なんですよ。考え方を変えれば、すべてが喜びとなるのです。そして、変わりますよ、人生が。

自分の力を発揮する場所は
自分でこしらえるものです。

人から与えられたものに
右往左往するのではなく、
自分で自分の人生を
築きあげる。

問答27

悲しい経験に意味がありますか

「これが誰かの助けになる」と考える

出家をしたら、奇しくも、世の中の非常さを痛感することとなりました。お坊さんの世界というのは、実は男社会なんです。男女差別もそうですし、お寺の跡取りと、私のようなよそ者との隔たりもありました。でも、いいお寺に生まれて、のほほんと生きてきた人に、人の痛みはわからないでしょ。その点、私みたいに地を這うような思いで生きてきた人間は、「おかげさま」でわかります。苦しみや悲しみ、色々な思いを味わっているからこそ「今、この人に必要な言葉はなんだろう」って、気持ちを寄り添わせることができるんです。私の人生は、人様からすると決して幸せには見えないかもしれないけれど、そういう意味では幸せでした。

自分の経験が誰かのためになるというのは、その人が生きる価値となります。以前、サンガ天城を訪れた女性の中に、末期がんの方がいました。まだ30代のキャリアウーマンでしたが「悪性リンパ腫」と診断されて、死を宣告されていたのです。彼女はショックで会社を辞めてしまい、お酒におぼれる生活をしていました。そんな彼女のことを、私は2008年の著書に記しました。そしたらケンカになってね、「訴えて、本を出版停止にしてやる!」って、すごい剣幕で電話がかかってきたんです。だから私は、こう言いました。

「あなたね、ちょっと考えてみて。あなたと同じような悩みを持っている人がたくさんいて、この本を読みました、すごく力づけられましたって、あなたのことを特にお手紙にたくさん書いてくれる人がいるんです。そういう意味では、あなたは菩薩様なんです。考え方を変えてみて」

そうしたらしばらくしてから「私が間違っていました。庵主さんのおっしゃる通りです。私、狂ってました」と、お電話をいただきました。彼女はもう亡くなりましたが、自分の辛い経験と引き換えに、人の役に立つという喜びを得られたことで、穏やかに旅立てたのではないかと思っています。

一見、負の存在でしかない経験も、誰かの助けとなることがあります。そしてそれは、悲しい経験をした人に、喜びとなって返ってくるのです。

この本には、私の人生はもちろん、今まで相談に訪れてくれた多くの女性たちの悩みが記されています。この本を通じて、読者の方の心を少しでも救いたいと思っていますが、同時に私は、私に悩みを打ち明けてくれた女性たちにも、喜びを与えられることを願っているのです。

誰かを助けることができたとき、
悲しみは喜びとなって昇華します。

悲しい経験も役立つことに気づいたら、
出来事すべてが色を帯び、
人生はもっと彩り豊かになる。

問答28

自由とはなんですか

自由を得るには責任を負わなければならない

現代は、よくも悪くも自由です。

ひと昔前は、女性は家の中で家事と子育てをするのが普通でしたけど、今はそうではありません。結婚をせず、仕事に励む女性もいますし、通い婚や事実婚のような形をとる人もいます。

私の知り合いにも、変わった夫婦がいましてね。「冷蔵庫は私が持ってきた」「洗濯機は僕が買った」と言って、持ち物すべてにそれぞれ自分の名前を書いているんです。「なんで？」と聞いたら「別れたときのために」と。家族というより、ただの同居人みたいでしょ。びっくりしてしまいました。

これも、ある意味自由なのかもしれないけれど、自由というのは、何をしてもいいというわけではありません。自由を得るには、責任を負わなければいけない。責任を負わずに自由を求めると、何をやってもいい、人が苦しんでいても悲しんでいてもいいじゃないかとなってしまいます。自分の欲求ばかりに目がいって、人の気持ちに寄り添えなくなるのです。「子どもの犠牲になりたくない」なんていうお母さんもいますね。でも、それはおかしい。出産という自由を得た人は、子育てという責任を負うのです。それを忘れて自分の欲を通そうとするなんて間違っています。

今は、平和で、生き方の選択肢も豊富です。

私も46歳で出家をしたり、65歳でローンを組んでサンガ天城を作ったり、80歳間近で店を構えたり、自由に生きてきました。子どもたちに残せるような財産はないけれど、借金もございません。死んだあと、子どもたちに迷惑をかけたくありませんからね。せっかくこんな素晴らしい時代に生を受けたのですから、責任を持って自分の好きなことに命を使いたいものです。

責任を持って
自分の好きなことに
命を使いましょう。

自由が先走ると、欲求が暴走する。
責任というブレーキを踏みながら
人生を自由に生きていく。

問答29

会社で評価されません

誰かに評価されるために生きているのではない

私ももう79歳なので、私がいなくなったあと、サンガ天城をどうしようかと考えることがあります。たまに、「やってみたい」という尼僧さんがいらっしゃるので、台所事情も含めて状況をお伝えするんですけど、そうすると皆さん「私には無理」と言って去っていきます。確かに、ろくにお給料を払える状況ではないので、仕事としては成り立たないでしょう。

駆け込み寺なんてものをやっていると、本当に大変なことばかり。でもね、

「私の言葉で、この人の人生が変わるかもしれない」と思ったら、自然と一生懸命になるし、立ち直って巣立っていく女性を見ると、「あぁ、やっぱり、やっていてよかったな」と思います。

何事も、最初から見返りを求めていたらできません。見返りを求めると、愚痴が出ます。「私はあれだけやってあげたのに」って。仕事もそうでしょ。がんばっているのに上司から評価されないと「こんなにがんばっているのにわかってくれない」と思うはず。だけど、私たちは、誰かに評価されるために生きているわけじゃないの。自分の使命を全うするために生かされているのです。

私にとっての使命は、困っている人々に手を差し伸べること。

2011年の東日本大震災では、たくさんの命が失われ、孤児もたくさん生まれました。私自身、幼少時に終戦を迎え、辛い経験をしたので、子どもたちを少しでも助けたいと思いました。だから、募金が貯まると東北の小学校へ行っています。春から小学生になる子どもたちに「入学おめでとう」と言って、1万円ずつ手渡しているの。このお金は、おにぎりを売ったり、募金活動をしたりランチをやったりして得たもので、たくさんの人の思いが詰まっています。募金を集めることで、私自身多くの方のやさしさに触れることができ、感謝の気持ちでいっぱいです。

おかげさまで、これまで、およそ900人の子どもたちに入学祝いを手渡すことができました。震災直後は、将来の夢を尋ねると「自衛隊」や「警察官」などの答えが多かったですけれど、最近はようやく「野球選手」とか「お花屋さん」とか、普通の答えが増えてきました。物資もだいぶ行き渡るようになったので、これからは心のケアをすることが私の使命だと思っています。仮設住宅をなるべく頻繁に訪れて、色々お話をさせていただきたいと思っています。

使命は、決して私だけに与えられたものではありません。誰しもが与えられているのです。使命は、自分の命の使い道です。使命を果たすことが、生きる喜びとなるのです。

大切なのは自分にできることを
自分なりにがんばること。

与えられた使命に大小はない。
どんなことでも
必ず誰かの助けになる。

問答30

修行とはどういうことですか

誰かの助けとなることが喜びとなる

「なぜ自分を犠牲にしてまで、困っている人を助けようとするのですか？」と聞かれることがあります。でも、それは私の修行なのです。

79年の人生で、私は戦争や夫の死など、たくさんの悲しい経験をしてきました。けれども、今になって振り返ってみると、そういう経験が今の私を育ててくれたのだと感じるのです。だから、私と同じように苦しんでいる人に出会ったら、手を差し伸べてあげようという気持ちになる。誰かの助けとなることが私自身の喜びであり、この世における修行なのです。

私の修行の目標は、『法華経』に登場する「常不軽菩薩《じょうふきょうぼさつ》」です。この菩薩は宮澤賢治が目指した菩薩でもあります。

雨ニモマケズ
風ニモマケズ
雪ニモ夏ノ暑サニモマケヌ
丈夫ナカラダヲモチ
慾ハナク
決シテ怒ラズ
イツモシヅカニワラッテイル
……
ミンナニデクノボートヨバレ

ホメラレモセズ
クニモサレズ
サウイフモノニ
ワタシハナリタイ

有名な『雨ニモマケズ』に登場するデクノボーは、常不軽菩薩の精神を表したものだといわれています。デクノボーとは、決して役立たずという意味ではありません。お釈迦様や日蓮聖人の「操り人形」として、お題目をみんなに伝えていくという意味です。

この詩に自分自身の姿を重ね合わせ、デクノボーのような人間になりたいと私も思っています。

たとえ評価されなくても
困っている人を助けます。

人からどう思われようと、
使命を全うするために
ひたむきに歩む。
そういう人になりたい。

問答31

生きていかなくてはいけませんか

「生きていてよかった」という日は必ず来る

今の私は「人間大好き！」で、どろどろとした人間関係にも進んで足を踏み入れていきます。人のために奉仕をすることが、私自身の喜びだからです。

けれども、実は若いころの私は、人づきあいが苦手でした。けっこう暗い人間だったんですよ。中学生のころから、休み時間も放課後も本ばかり読んでいて、友達と遊んだ記憶はほとんどありません。友達とワイワイ過ごすのが嫌いだったんです。高校進学後も、その傾向は弱まることなく、むしろ強まっていきました。

趣味は、ひとりで美術館やコンサートに行くことで、「おひとりさま」が大の得意。周りからは「こわい人」と思われていたようです。そんな私が、今では尼僧となり、人々のためにご奉仕させていただく日々を過ごしているのですから、人生とは不思議なものです。

「なんでこんなに悲しいのに、苦しいのに、生きなくてはいけないのか」

私自身、何度も自分に問いかけました。けれど、娑婆は苦しくて当然なんです。そのことがわかると一気に心がラクになります。それを乗り越えたときに、「あぁ、生きていてよかったな」という日が、絶対に来るんです。「そうかしら?」ってみんな言うけれど、本当に来るの。だって、私が今、そうですもの。

色々苦労してきたけれど、私は今、生きていることがとても楽しいのです。自分が楽しくしていると、お友達がたくさん寄ってきて、みんな楽しくなります。「ここに来ると楽しい!」「庵主さんに会いたい!」って言っていただけるのが、私自身の喜びなので、苦しいとは思えません。お茶を教えて、お説教をやって、サンガ天城もやって、おばんざい屋もやって、大変じゃないですかと言われますけど、楽しいんです。全部、楽しいんです。意識して「楽しい」と思っているつもりもありません。ただ、やっていること自体が、本当に楽しいのです。

人間嫌いだった私が、人間大好きに変わったように、人は変われます。死にたくなるくらい辛いことがあっても、幸せになることができます。どんなことも当たり前と思わず、今、この世に生を受けていることも当たり前と思わず、感謝しましょう。喜びを感じましょう。お釈迦様はこう説いています。


「その報いは私には来ないだろう」

とおもって、悪を軽んずるな。

水が一滴ずつ滴りおちるならば、
水瓶でもみたされるのである。

愚かな者は、水を少しでも集めるように

悪を積むならば、
やがてわざわいにみたされる。

「その報いは私には来ないだろう」
とおもって、善を軽んずるな。
水が一滴ずつ滴りおちるならば、
水瓶でもみたされる。
気をつけている人は、
水を少しでも集めるように
善を積むならば、
やがて福徳にみたされる。

「これくらい、まぁいいか」という小さな悪であれ、相手に気づかれもしない善であれ、いずれ満ちるときがきます。あなたの心の中を少しずつ少しずつ満たしていくのです。生きることに伴う苦や喜び、すべてをかみしめながら、今日という日を生きていきましょう。生かされている命に感謝して。

命に感謝し、
すべてを喜びとして
生きていくのです。

娑婆は苦しくて当然。
そのことがわかると
ラクになる。

老いの駆け込み問答

若い子がうらやましい ↓ 流れに身を委ね、人生を楽しむ

「歳をとるのがこわい。若い子がうらやましい」と相談されることがあります。「老い」に片足をつっこんだ世代ではなく、意外と20代や30代から相談されることも多いです。このころは、恋愛が楽しい年ごろですし、外見に敏感ですからね。容姿のちょっとした変化が許せないんでしょう。

でもね、「若い子が好き」と言っている男がいたら腹が立つでしょう？ 私だったらそんな男は蹴っ飛ばしますよ。だってそうでしょう。「僕は心よりも、年齢という尺度で女性を判断します」と言っているようなものですよ。なんて了見が狭いんでしょう。

そう考えると「若い子がうらやましい」と思っている女性は、そんな男たちにすり寄っていることになるんですよ。若作りを成功させて、そんな男に言い寄られるのが楽しいですか？

時の流れに逆らう必要はありません。流れに身を委《ゆだ》ねて、もっと素直に人生を楽しみましょう。目の前の出来事に、顔をしわくちゃにして笑ったり、泣いたりして、思い出を顔に刻んでいけばいいのです。美しく生きることは、美しく老いること。自分の顔を、人生を、愛《め》でてあげてください。

老後が不安➡明日死ぬかもしれないということを忘れてはいけない

「人生の折り返し地点を過ぎた」なんていう言い方がありますけれど、折り返し地点なんて、誰にもわかりません。人生を30年で終える人もいますし、１００年で終える人もいます。オギャーと生まれたばかりの子どもが、すぐに亡くなることだってあります。寿命は誰にもわかりません。人生は、折り返すものではなく、突然ぷつっと途切れるものなのです。

老後に不安を覚えるのは仕方がないことですけれど、もしかしたら明日死ぬかもしれないということを、決して忘れてはいけません。もし突然、死が訪れても後悔しないように、毎日を過ごしましょう。

人生は、何歳からでもやり直すことができます。だって、今は生きているんだから。なんだってできるでしょう。

夫に先立たれるのがこわい↓今を楽しむ

「生老病死」の人生ですから、仕方がないんですよ。生まれること、老いること、病むこと、死ぬことは、人生において免れることができません。もし、本当に先立たれたとしても、それは受け入れるしかないの。

死を受け入れるというのは、どういうことかと言うと、目をそむけずに、とことん悲しむことだと思います。それに、先立たれるのがこわいほど大切な人に出会えたというのは、人生の宝ですよ。今はご主人もご健在なんでしょう？　だったら「あと何年一緒に過ごせるんだろう」と心配するのではなく、今を楽しんでください。もし先立たれたとしても、思い出はあの世への手土産ですから、たくさん作ってください。そしてあの世でご主人にたくさん聞かせてあげてください。

長生きすると辛いことばかり ➡ 人生は思い通りにならないことの連続

長く生きていると、友人に先立たれたり、体が思うように動かなくなったり、辛いことも増えますね。「四苦八苦」という言葉がありますけれど、四苦というのは、生きる苦しみ、老いる苦しみ、病の苦しみ、死の苦しみという生病老死のことを指します。これに、残りの四苦「求不得苦《ぐふとっく》（求めても得られない苦しみ）」

「怨憎会苦《おんぞうえく》（嫌な人と一緒にいなければいけない苦しみ）」「愛別離苦《あいべつりく》（愛する人と別れる苦しみ）」「五蘊盛苦《ごうんじょうく》（煩悩に悩まされる苦しみ）」を加えて、八苦になるのです。

お釈迦様は、私たちの人生は思い通りにならないことの連続で、四苦八苦だとおっしゃっています。もちろん喜びもあるけれども、生きている者は、苦しみも味わわないといけないのです。「人生とは、そういうものなんだ」というところに落ち着くと、心が右往左往することがなくなるんですよね。そして、自分の苦しみはさて置いて、人様に手を差し伸べてあげたくなる。すると、苦しみが収まって喜びに変わることがあるのです。不思議なものですね。

老後を楽しく過ごしたい ↓ 目的を持って生きる

とてもいいご相談ですね。「老後を楽しく過ごす」って、素晴らしいことですよ。今はまだ若い人も、高齢者と呼ばれる世代の人も、老後を楽しく過ごすために大切なのは、目的を持って生きることだと思います。残念ながら、目的を持たない人って、たくさんいるんですよね。でも、目的を持って、それに向かって生きていると、すごく楽しいんですよ。

私も駆け込み寺なんていうものをやっていて、怒りたいときもあるし、叫びたいときもあります。だけどぐっとこらえて、顔では笑っています。人にはガマンを要求しないけれど、私は自分に要求します。そして、イヤなことは忘れる！　目的を持って、前を向いて歩いていけば、人生が楽しくなります。

参考文献

『ブッダの言葉』中村元訳　丸山勇写真　佐々木一憲解説　新潮社
『ブッダのことば』中村元訳　岩波文庫

ブックデザイン／望月昭秀
イラスト／佐藤香苗
構成／森本裕美

〈著者紹介〉
戸澤宗充　1937年東京都生まれ。33歳のとき二児を残しモルモン教徒の夫が事故で急逝したことから法華経と出会い、46歳で出家する。2003年、65歳で私財をなげうち、女性たちの駆け込み寺「サンガ天城」を静岡県伊豆市に設立。以後、様々な問題で悩み苦しむ女性たちを受け入れてきた。

駆け込み寺庵主の「引き寄せ」問答
すべてを喜びとする。
2016年10月5日　第1刷発行

GENTOSHA

著　者　戸澤宗充
発行者　見城 徹

発行所　株式会社 幻冬舎
〒151-0051 東京都渋谷区千駄ヶ谷4-9-7

電話:03(5411)6211(編集)
03(5411)6222(営業)
振替:00120-8-767643
印刷・製本所:株式会社 光邦

検印廃止

Printed in Japan
ISBN978-4-344-03012-1 C0095
幻冬舎ホームページアドレス　http://www.gentosha.co.jp/

この本に関するご意見・ご感想をメールでお寄せいただく場合は、
comment@gentosha.co.jpまで。